图解服务的细节

130

ホテルオークラ「橋本流」クレーム対応術2

"笨服务员"解决术5

捕捉顾客的真实想法

[日] 桥本保雄 著

胡玉清晓 译

人民东方出版传媒
People's Oriental Publishing & Media
東方出版社
The Oriental Press

图字：01-2021-6199 号

图书在版编目（CIP）数据

“笨服务员”解决术. 5，捕捉顾客的真实想法 /（日）桥本保雄 著；胡玉清晓译. —北京：东方出版社，2023. 8
(服务的细节；130)
ISBN 978-7-5207-3563-6

Ⅰ. ①笨…　Ⅱ. ①桥… ②胡…　Ⅲ. ①饭店—商业服务　Ⅳ. ①F719. 2

中国国家版本馆 CIP 数据核字（2023）第 125356 号

服务的细节 130：“笨服务员”解决术 5：捕捉顾客的真实想法
(FUWU DE XIJIE 130：“BEN FUWUYUAN” JIEJUESHU 5：BUZHUO GUKE DE ZHENSHI XIANGFA)

作　　者：[日] 桥本保雄
译　　者：胡玉清晓
责任编辑：崔雁行　高琛倩
出　　版：东方出版社
发　　行：人民东方出版传媒有限公司
地　　址：北京市东城区朝阳门内大街 166 号
邮　　编：100010
印　　刷：北京明恒达印务有限公司
版　　次：2023 年 8 月第 1 版
印　　次：2023 年 8 月第 1 次印刷
开　　本：880 毫米×1230 毫米　1/32
印　　张：7
字　　数：128 千字
书　　号：ISBN 978-7-5207-3563-6
定　　价：58. 00 元
发行电话：(010) 85924663　85924644　85924641

前　言

PREFACE

“智慧时代”服务人员追求什么?

如今，我们身处互联网高度发达的现代社会，信息革命(IT 革命) 飞速发展，世界上大部分信息都可以通过网络轻松获取。商人想在这样的社会大环境中生存下去，将获取的信息转化为自己所有的能力尤为重要。而对信息的好奇心和探索欲则是掌握这种能力的原动力。

然而，单凭信息无法产生智慧。随着年龄的增长，人会积累各种各样的经验，这些源于现实生活的经验是创造智慧的珍贵素材。也就是说，从实际经验中获得的感知，以及把所学之物吸收转化而成的自己的东西，将二者有机结合起来，就孕育出了新的智慧。

“客户投诉应对”的策略中，这种智慧就是最大的武器。最近有“knowledge worker”的说法，直译过来是“有知识、智慧的工作者”，这种知识型员工的存在是企业立于不败之地的关键。按照我的理解，此处的“knowledge”不单指“知识”，更是指“智慧”。我们已经迈入了智慧引领商业的新时代。

客户投诉应对领域对智慧更是有相当高的要求。即便有关于客诉应对的手册，也不能拘泥于此，完全按照手册处理客诉。我时常讲，“100 位客户有 100 种想法”。客户投诉也是如此，“100 位客户有 100 种投诉”。

照搬手册应对客诉无法达到预期效果，这是谁都明白的道理。

此外，面对的客户变了，过去妥善解决某项投诉的应对方案未必依然适用。看似相同的投诉，其中所隐藏的客户的想法却是独一无二的。

我认为，要理解每位客户想法之间的微妙差异，需要足够的智慧。

客户追求的是什么，期待点在哪里，什么会让客户感到舒适……要理解这些，隐藏在信息和实际经验背后的智慧不可或缺。

针对客户投诉，首先要就引起客户不愉快的地方道歉，这必须从聆听客户的抱怨开始。针对让客户感到不满之处，即让客户产生“为什么”“怎么会发生这种事”想法的地方，应当立即追究问题出现的原因并改正。其次是要采取能够获得客户谅解的表达方式。

本书以实际投诉为例，阐述了应当如何运用智慧，即怎样活用信息和经验。这些最终都归结为“桥本氏”客户投诉应对术，这点希望各位读者记住。

客户投诉应对术不限于书中举出的部分，希望读者从书中学到的不仅是“one of them”“one of sample”，而是将它们作为培养自身智慧的素材。活用书中的内容，创造出“自我式”的智慧，这才是最重要的。

我相信读者如果能在这个大前提下阅读本书，一定会有所收获。

桥本保雄

目　录

CONTENTS

第1章

照搬手册无法赢得客人

第 2 章

【实践篇】 针对设施投诉的最佳应对方法

第 3 章

【实践】 针对用餐投诉的最佳应对方法

第 4 章

【实践】有关员工的投诉——如此应对最佳

第 5 章
避免客诉的七项原则

第1章

照搬手册无法赢得客人

·客人怀着千差万别的期待和想法来到酒店，酒店却一味照搬手册，用千篇一律的方式接待客人，这是收到客诉的原因之一。

·酒店要依靠何种理念才能提供令客人满意的服务呢？

1 客人来酒店是有原因的

▶ 客人来的目的是追求舒适、愉悦的体验

或许是因为其便利性反映了时代的需求，在人们的印象中，快餐依然备受追捧。然而，不同店的受欢迎程度却大相径庭。即便是挂着相同招牌的汉堡店，有些店门庭若市，有些店则门可罗雀，这样的情景并不鲜见。

拿连锁店来说，总部对材料和制作方法，以及待客方式等都有严格的规定，分店需要按照总部的要求实施，因此各分店之间应该不存在味道和分量的差别。当然，价格也是一样的。虽说顾客对于店员的形象难免有个人偏好，但我不认为这是造成“门庭若市”和“门可罗雀”差距的决定性因素。

但现实情况是，顾客宁可舍近求远，舍弃距离很近的一家当地汉堡店，而选择到隔一段距离的另一家店购买。这样做并非一时兴起，而是有其必然性的。

必然性是什么呢？

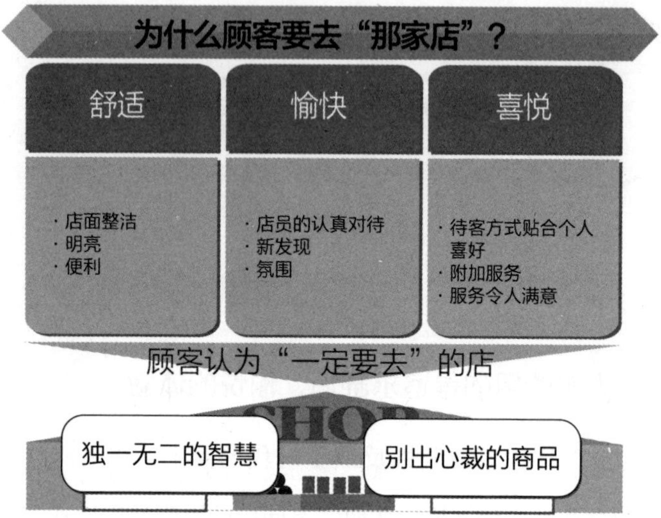

那就是店家为顾客的舒适、愉快、喜悦等极具感性的体验所付出的努力。

“那家店给人的感觉很好。”

“那家店氛围很欢乐，虽然远了一点儿，但我还是愿意去。”

决定店“门庭若市”还是“门可罗雀”的因素之一，就隐藏在顾客这样的想法中。可以说，店家只有理解了这一点，才能摆脱“门可罗雀”的困局。

然而，难点恰恰在于店家很难察觉到顾客的心思。因此，店家会想，“价格一样，味道一样，甚至连接待顾客的方式也是按照手册贯彻实施的，为什么受欢迎程度会有如此大的差异呢？”倘若店家一直停留在对该问题的思考上，就会陷入死循环。

所以店家需要转换思维，试着想一下，如何才能为顾客带来舒适愉悦的体验，以此为出发点来思考问题。

诚然，按照手册的指导接待顾客也许不会收到客诉，但不被顾客投诉并不能和符合顾客的期待、令顾客感到满意画等号。

顾客的感受是分很多层次的。不被投诉是服务业的基本要求，但即便同样是“零投诉”的店之间也是有差别的。

“没有特别要抱怨的……”

“服务相当周到细致。”

“店员做事麻利，感觉很好。”

以上都是“零投诉”，但顾客的感受显然不同。其中的差别造成了店家对顾客吸引力的差距。了解这一点是店迈向“门庭若市”的第一步。

2 什么是符合客户期待的关怀

▶ 出发点在于始终站在不同客户的立场思考

服务业从业者中通用的方针是什么呢？

“那当然是‘客户至上’。”

很棒的回答。那么，将客户放在第一位来思考，具体来说应该以怎样的思维方式，思考什么问题呢？这是一个难题。

“要回应客户提出的所有问题。”

这也是客户至上的表现。但是回应客户提出的问题稍显被动，应该采取更加积极主动的客户至上方针。

“始终站在不同客户的立场思考。”

这是客户至上的出发点。换言之，要随时张开感知客户想法的触角。

“但是，我们是便利店。说到站在客户的立场思考，无非也就是货架的陈列、商品的品类等小事……”

实际上，便利店这种形式的生意，即便不和客人交流也能完成。加之基本是特许经营（franchise system），一般来说，从货架陈列到商品品类，都由总部根据实际销售业绩来做出指导。也就是说，既无感知顾客想法的途径，也没有这个必要性。

然而就算在这样的状况下，也并非完全无法了解顾客的想法。例如，有时候对老主顾说一句“一直以来感谢您的光顾”，就会引出顾客“要是那个商品再放低一点就好了”等建议。

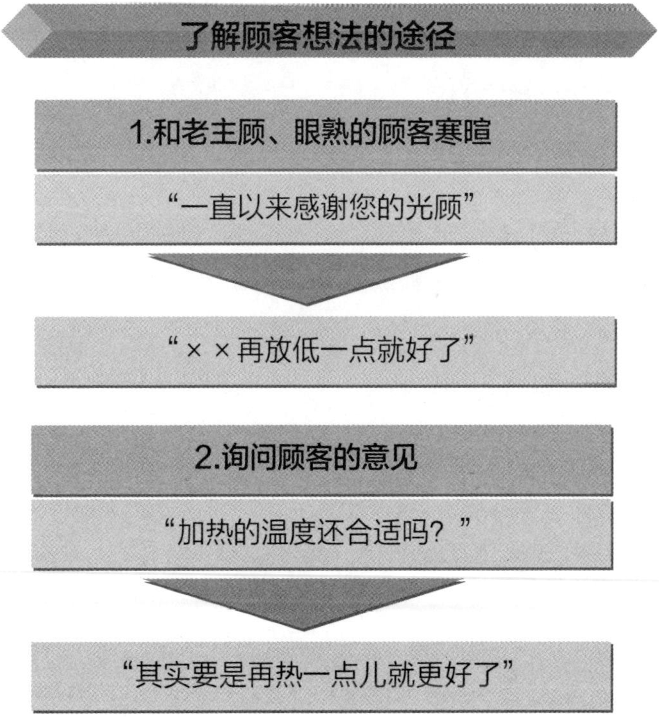

或者，询问总是买便当的顾客："加热的温度还合适吗？"便能听到顾客的真心话："其实要是再热一点儿就更好了。"

像这样通过一些小小的关怀，便能了解顾客的想法。要知道，即使是一些已经建立完善体系的行业，也有很多实现客户第一的可提升空间。

3 什么是预防投诉的最佳手段

▶ 预防无声投诉需要"笑生意"

听到"小生意"这个词会联想到什么呢？可能绝大多数人最先想到的是"做买卖"吧。其实"小生意"也可以是"笑生意"。

如今，所有领域的销售竞争都日益激烈，店家仅停留在"做买卖"的层面很难存活下去。要用灿烂的笑容迎接顾客，笑容能带来温暖的氛围。提供笑容是"笑生意"的附加值，甚至说这项附加值决定了服务的质量也不为过。

例如，同样是便利店，一家店里的收银员任何时候都面无表情，态度敷衍，只是因为手册上写了，所以例行公事地说声"谢谢光临"。另一家店的店员则元气满满，总是面带微笑地寒暄："一直以来感谢您的光临"，"今天您比平时来得晚一些呢"。两家店带给顾客的感受截然不同。顾客会偏爱哪家店呢？毫无疑问是后者。

或许前者也不会成为投诉对象。但是，即便嘴上不说，顾客心里也会想“那家便利店的收银员脸色真难看”。给顾客留下这样的印象，对做生意而言，是比收到投诉更大的损失。

对着镜子练习待客方式的注意点

1. **仪容仪表**
   对着镜子练习，找出问题
2. **态度**
   对着镜子练习，增加亲切感
3. **表情和动作**
   对着镜子检查表情动作是否自然
4. **语言**
   对着镜子和自己讲话

如果收到明确的投诉还能有应对之法，通过得体的应对留住顾客不无可能。但给顾客带来的不愉快和不舒服的感受，让客人口头上不表达，却在心里发出“无声的投诉”，这反而会造成顾客的永久流失。

无论是怎样的投诉，应对的关键都在于与顾客的沟通。当然，这里所说的沟通并不是指机械地说“欢迎光临”“谢谢光临”。现在是一个连自动贩卖机和金融机构的 ATM 都可以“说话”的时代，唯有和顾客互相交流彼此的真实想法，才能预防投诉，赢得回头客。

作为传达想法的工具，笑容稍显单薄。要在微笑的同时，通过语言和顾客交流，这才是沟通产生的土壤。即使有投诉，沟通过程中也能知道客户的需求点在哪儿，之后只需要切实执行，满足客户需求就可以了。

创造这种沟通的土壤完全不需要花钱。不可思议的是，很少有人意识到微笑是与客户沟通的第一步，并将其付诸实践。我们要明白，机器也能做“小生意”，但只有人能做“笑生意”。这是服务过程中非常重要的一点。

4 了解客人“想法”的途径

▶ 增加了解客人“想法”的线索卡

现在酒店大堂会作为一个会面的场所被使用，酒店茶室也被用于洽谈工作事宜等，酒店的“门槛”已经低了很多。但在人们心中，对于酒店依然有着“高级”的印象。

“在酒店餐厅用餐，和我想的不一样”，之所以有这样的投诉，也有这个原因。确实，有豪华的室内装潢，这是人们对酒店的先入之见。带着这样的看法，看到实际的酒店状况之后，发出“这是什么啊”的感叹也就不足为奇了。

如果期待酒店餐厅的料理是世上稀有的美味佳肴，恐怕会认为“和想象相去甚远”。特别是在以“simplicity and elegance”(精致简洁、清新优雅)为设计理念的大仓酒店，很遗憾不能为客人提供豪华绚烂的观感。对于这方面的投诉，大仓酒店只能甘心接受。

但是，在服务质量上，大仓酒店始终致力于为客人提供最优质的服务。当然，也许无法满足所有客人的全部期待，但饭店员工时刻都在为这个目标努力。

此前我也再三强调，了解不同客人的“想法”是达成目标的关键。其中的线索就隐藏在客人的表情、动作和着装上。如果能够进一步，从客人整体气质中判断其生活哲学的话，将获得更多线索。说话也是一个方面。例如，可以根据客人的口音判断他是哪儿的人，从而更有针对性地接待客人。

“您是从秋田来的吧，那儿冬天的烤年糕很好吃呢。”

这样一句话，能在很大程度上增加客人的放松感。放松感对入住酒店的客人而言非常重要。有了放松感之后，客人就会产生“还是住那家酒店好啊，住在那里很放松”的想法。能让客人产生这种想法是酒店的荣幸，千篇一律、不加区别地接待每位客人，则无法达到这样的效果。酒店应该逐渐增加了解客人想法的线索卡，这关系到服务质量的提升。

了解客人“想法”的线索

“想法”是指用自己的心来推量事物，从而联系到五蕴（色、爱、想、识、行）。

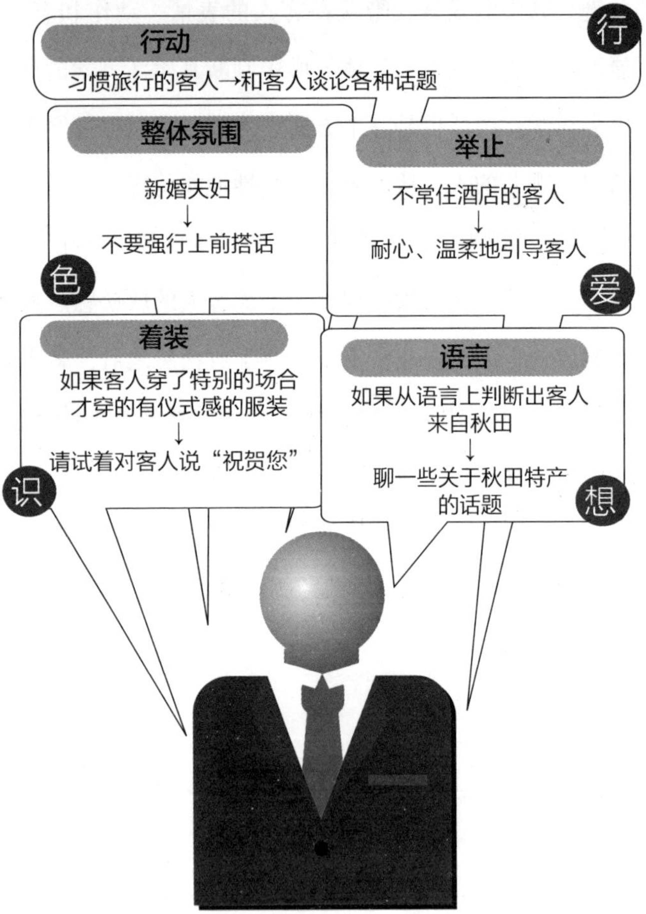

5 客人在酒店追求的“日常”是什么

▶ 重要的是如何看清客人的日常与非日常之间的边界

某位经常住某家酒店的客人在前台被问：“欢迎光临，请问您是要住宿吗？”已经在这家酒店住了很多次了，工作人员还是没有记住这位客人的面孔。这样的话常客也会失望吧，甚至会感到生气。

酒店对客人而言是非日常的场所。但是，如果需要频繁入住酒店，客人则会追求酒店的日常性。换言之，从外面回到酒店，会想听到“您回来了”，这样会感觉心情舒适。

如果因为回酒店依然听到“欢迎光临”而发出抱怨也是人之常情，这就是酒店方面的服务不够周到了。酒店有必要让员工熟悉常客的相关信息，以便更有针对性地服务客人。

但是，有时候也会因为新员工不了解客人情况而出错。这种情况是否会演变为投诉，取决于酒店能否机智应对。

举一个简单的例子，对第一次来酒店的客人说“一直以

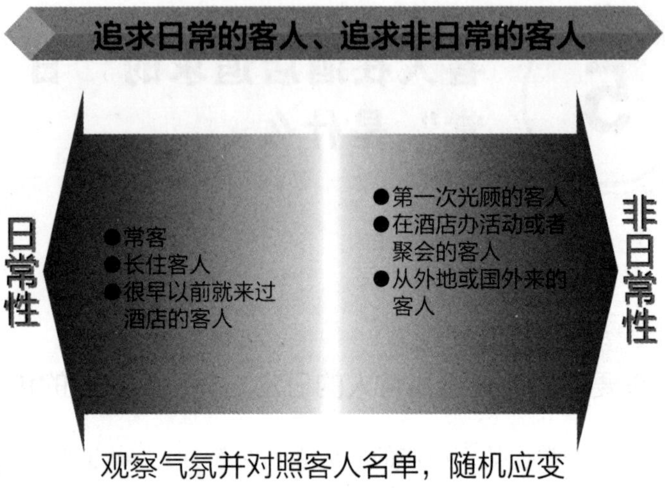

来感谢您的光临”会引起客人的不满吗？

恐怕没有客人会因此勃然大怒道："我是第一次来，不要胡说八道。"

这种情况下，客人通常会想："这家酒店给人的感觉还不错，下次再来吧。"哪怕是第一次入住的客人，这句话也会给人一种宾至如归的感觉，从而意外地让客人心情好起来。

只是，度的把握很重要。如果从客人的表情和动作上感受到让人不安的氛围，那么"一直以来"就起到了反效果。

"我明明是第一次来，跟我说什么'一直以来'，是在搞笑吗？"就像这样，有时候也会因为这句话，让客人感到不愉快。因此，根据事情发生时的具体情况随机应变的能力尤为关键。

虽然酒店是非日常性场所的存在，但迅速判断出客人在酒店追求的究竟是日常性还是非日常性，是作为酒店人的基本素养。

判断失误可能会引起客人的不满，因此务必多加用心。当然，这不局限于酒店，所有非日常的场所都要注意这点。在商场以非日常的心情购物时，各种纠缠不休、令人望而生畏的店员就是没有正确体会客人心情的典型。

6 尽量满足客人喜好

▶ 创造能让客人大胆提要求的环境

酒店浴室备有洗漱用品。香皂、洗发露和沐浴露、牙刷和牙膏、乳液和发胶……这些物品都是有一定品质的，牙膏里绝对不会出现莫名的颗粒物给人以廉价感。但即便如此，还是会收到客人的投诉。

“我不喜欢这个香皂的味道。”

“牙刷毛太硬了，不符合大仓酒店的格调。”

不知道客人是从何判断“不符合大仓格调”的，恐怕是因为没有感受到想象中的高级感吧。

但是，就算是酒店，所提供的物品也不可能全部是超高级的奢侈品。那样的话，就无法合理控制成本了。最重要的是，就算准备了奢侈品，如果不是客人喜欢的牌子，客人也会不满。客观上讲，酒店无法满足每位客人的全部需求。

客人的想法是“要是准备了我平时惯用的物品就好了”。

现在，自带洗漱用品入住酒店的客人越来越多。客人的习惯好恶各不相同，从现实层面来讲，不可能做到迎合每位客人的喜好。把各种品牌的商品摆在一起供客人挑选是百货商店的做法，这种方法不适用于酒店。

在欧洲，哪怕是很高级的酒店，通常不提供牙刷和牙膏，但也未曾听说酒店因此收到客诉。当然，我们不能把欧洲式的做法强加于日本酒店。大部分情况下，除了客房内提供的洗漱用品，酒店还会准备其他好几种不同品牌的洗漱用品。这样如果客人提出想换，可以在能力范围内尽量为其更换。酒店工作人员要有这样的觉悟：客人有不满的时候，应该拿出尽可能满足客人需求的态度。

酒店提供的物品清单

备品类

烟灰缸、肥皂盒、置物篮、吹风机、8盎司玻璃杯、鞋拔子、塑胶拖鞋、一次性拖鞋、西服刷、男用衣架、女用衣架、笔记本、紧急照明灯、纸巾盒、茶杯、茶匙、茶托、茶杯盖、茶包盒

消耗品类

服务卡、文具套、个人信封、航空信封、海运信封、日文信封、个人信纸、明信片、传真机封套、便笺纸、洗衣清单、洗衣袋、千代纸（千代纸起源于京都，由奉书纸制成，是一种十分昂贵只提供给皇室使用的纸。品质最好的奉书纸产于爱媛县和越前县）、拨打国际电话指南、传真使用指南、晾衣绳、电视使用指南、酒店宣传册（日文）、酒店宣传册（英文）、圆珠笔、垃圾袋、保险箱使用指南、标价牌、浴室防滑垫、煎茶包、咖啡包、其他

洗漱及生活用品

牙刷（白色、蓝色）、剃须刀、洗发露、护发素、剃须泡沫、浴帽、浴帘、香皂、梳子、男士护肤品套装、女士护肤品套装、棉签、擦鞋布、卷纸、面巾纸、泡泡浴液、针线包、其他

7 “习惯”“惯例”行不通

▶ 发挥想象力，摆脱一成不变，拒绝墨守成规

正所谓萝卜青菜各有所爱，这正是服务业的难点所在。例如，对说“我想要果汁”的客人，立刻为其提供非常新鲜的鲜榨橙汁，就会令其满意吗？

这是一个很大的疑问。从很早以前开始，说到果汁就默认是橙汁，通常不会出错。但现在果汁种类丰富，对方这样说的时候，也许想要的是果蔬汁或者番石榴汁。特意准备了新鲜橙汁却被客人冷眼相待，这种情况不在少数。

当今时代，服务业面临的现状是：如果不能提供与客人个人喜好相匹配的东西，就有可能成为投诉对象。这种情况下，按照以往的“习惯”“惯例”来办事是行不通的。

前些日子，在我住宿的酒店发生了这样的事：我早晨早早出门，花了 9 小时终于到达酒店。洗完澡要吃晚饭的时候，已经是晚上 7 点半了，但这个时间对我来说正好。当初我按照预

订，告诉酒店晚饭时间是6点半到7点，但当我告知酒店时间赶不上之后，对方完全没有不悦，而是马上为我重新安排了用餐时间。

当然，这家酒店的价格并不便宜。或许也有这方面的原因，所以才可以接受我的任性。但我认为一家酒店如果没有这种程度的应变能力，则无法提供让客人满意的服务。

如果对方告诉我："不好意思，我们这里规定7点用晚餐，超过7点就……"我一定会立刻撑回去："我不是按照你们的规定做事的！"又不是运动队的合宿，如果连吃饭的时间都不自由，何谈休息放松呢？

催生+α服务的"检查表"思维法

●培养创意的检查表

有其他用途吗	试着思考其他用途
有其他创意吗	试着借用其他创意
改变部分内容会如何	试着做出改变
变大会如何	试着将原本小的东西扩大化
变小会如何	试着将原本大的东西缩小化
可以用替代品吗	试着用其他物品替代
替换一下会如何	试着把原本应该有的东西换掉
颠倒一下会如何	试着把相反的东西倒过来
组合起来会如何	试着把两样东西组合在一起

仔细想想，被“习惯”“惯例”绑架，从而丧失想象力的事例比比皆是。其中最典型的就是旅游景点的餐厅和特产店。

我去稚内[①]的时候，询问当地的特色美食，听说最多的就是帝王蟹、海胆盖饭和鲑鱼子盖饭。当然，我并不否认北海道的海对稚内的恩泽，只是觉得这些答案过于遵循常理，未免有些缺乏想象力。

让我们稍微偏离一下常理思考。稚内与俄罗斯的库页岛隔海相望，天气好的时候甚至可以眺望库页岛。我认为如果能提供地道的俄罗斯菜，这才会成为稚内真正的特色美食。一边眺望俄罗斯，一边品尝地道的俄罗斯菜，这是在其他的旅游景点无法实现的事。服务得益于创意，稍微往这个方向想一下，是否也可以呢？

---

① 位于北海道岛最北端，是一个被日本海与鄂霍次克海夹在其中的港湾城市。其因为大风四起的日子较多，故又有“风之城”之称。

8 无视客人"想法"的服务会导致客人流失

▶ 不致力于意识改革的服务将被淘汰

高尔夫是我的兴趣之一，但高尔夫球场却常常让我感到生气。一般来说，球场的餐厅只提供菜单上的菜品。客人来球场餐厅的目的，是在早上开始打球前稍微吃点早餐，或者在下午运动前好好吃一顿，因此没有必要提供令客人惊艳的料理。是这样的吗？说起来或许有些道理，但我只是提一点要求，球场餐厅也无法满足，这总是让我生气。

我个人喜欢三明治的面包是烤吐司用的面包。有一次，我在某家高尔夫球场餐厅，对服务员说："我想让你们在三明治上用烤吐司用的面包。"

对方却告诉我："我们家的三明治不用烤吐司用的面包，不好意思。"不管是三明治用的面包，还是烤吐司用的面包，去烤一下不就可以了吗！连这一点都做不到，可以说是非常无视客人"想法"的表现了。如果不是开在高尔夫球场的餐厅，应该很快就会无人问津、关门大吉吧。

我对鸡蛋也“怀恨在心”。这是另一家高尔夫球场的故事。早餐我想吃煮鸡蛋，却被回复“我们这里只准备了炒鸡蛋”，我一时无言以对。这是只要有锅和水，小孩子也能做的东西，一家餐厅却提供不了煮鸡蛋，真是不可思议。

很多需要鸡蛋的料理只使用蛋黄，如果餐厅做的是这类菜品没有准备煮鸡蛋的原材料也稍微能理解。但是，一个餐厅的厨房连一个完整的鸡蛋都没有，无论如何有点儿说不过去。

稍微上心一点儿，至少可以准备几个煮鸡蛋用的完整鸡蛋吧。这点都无法做到，归根结底还是餐厅没有拿出认真对待客人“想法”的态度。

现在已经不是客人需要挤破头预约高尔夫球场的黄金时代了，很多球场却依然一副“是我们给客人提供场地和时间打球”的姿态，这显然是认知不足。如果不赶快修正意识、端正姿态，拿出服务客人的态度，这些缺乏服务意识的高尔夫球场会被相继淘汰。

首先就从对客人提出的烤吐司三明治和煮鸡蛋的要求说“Yes，sir”开始吧。

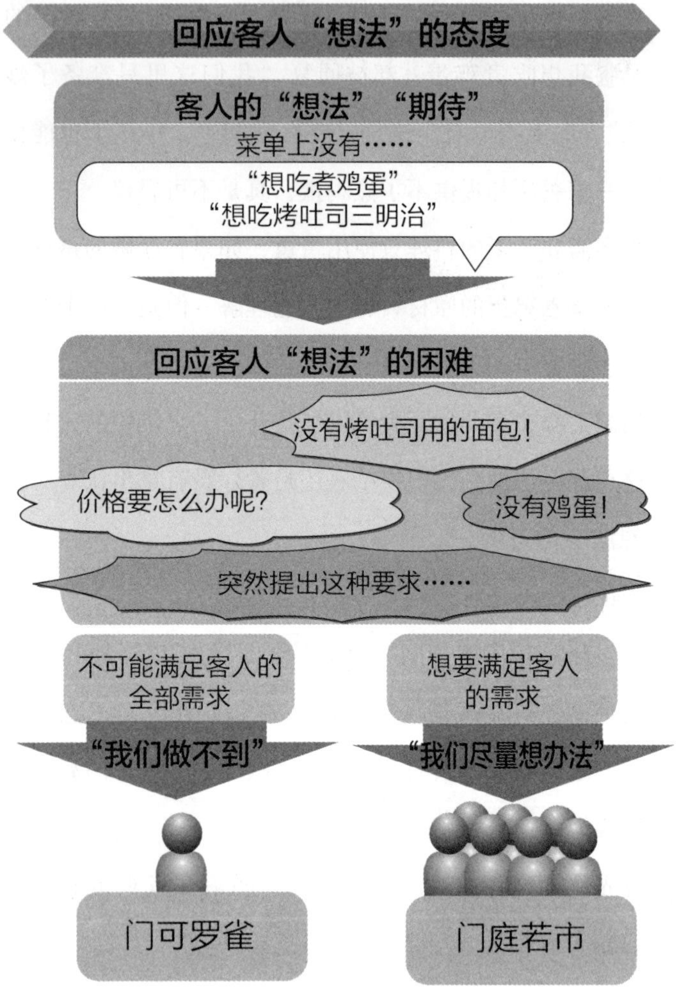
回应客人“想法”的态度
客人的“想法”“期待”
菜单上没有……
“想吃煮鸡蛋”
“想吃烤吐司三明治”
回应客人“想法”的困难
没有烤吐司用的面包!
价格要怎么办呢?
没有鸡蛋!
突然提出这种要求……
不可能满足客人的全部需求
想要满足客人的需求
“我们做不到”
“我们尽量想办法”
门可罗雀
门庭若市

9 “亲切”和“不亲切”的差别何在

▶ 比起遵循规则，带给人感动的服务更加重视客人的想法

我入住关西某家酒店的时候，曾有这样的经历：因为第二天要很早出发，于是我告诉6点开门的酒店餐厅说，我想在他们开门的时候就去喝咖啡、吃早餐。第二天早上5点50分，我来到餐厅。

店员虽然没有以“我们的开店时间是6点，麻烦您稍等”的理由拒绝我进店，但我进入餐厅后，咖啡却没有送过来。虽说如此，因为约定时间是6点，所以我也不好抱怨什么，只得默默等着。

然而，店内咖啡香气四溢，很明显已经准备妥当了（我认为如果咖啡已经煮好了，完全不用严守6点的约定，可以早点把咖啡送过来）。

确实，我为此抱怨是没有道理的，但餐厅的做法也过于墨

守成规、不知变通了。

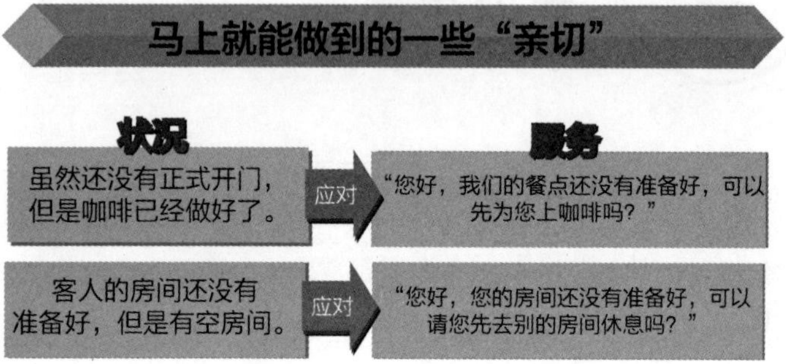

“虽然还没到6点，但是咖啡已经准备好了，需要我现在给您端上来吗?”

如果店员这样说，我冷冰冰的脸一定能展露笑颜。这样的“亲切”不仅能让客人开心，还能带给客人感动，而一味地遵守规则，显然无法滋生感动。

即便是在开店前，也应该有可以提供的服务。死守规则而不提供服务的态度，在我看来就是“不亲切”。

“是客人比约定时间早到了10分钟，而且只需要等10分钟。”“只要咖啡的话，我们已经准备好了，我去问一下客人吧。”这两种思维带给客人的印象截然不同。这个印象不是对服务人员的印象，而是对餐厅的整体印象。哪一种态度能够为餐厅赢得更多回头客不言自明。

也许有人会认为:“只是咖啡做好了，还是等早餐全部准备好之后，再为客人服务吧。”我想，这应该交由客人自己决定。

“您好，现在我们的早餐还在准备中，我先带您去座位。可以的话，可以先把咖啡给您送来吗？早餐还要请您再等 5~6 分钟……”

这样说的话，客人一定会带着好心情开始新的一天。

10 怎样营造欢迎氛围

▶ 让员工彻底继承酒店哲学

“没有以前的欢迎氛围了。”

有时候会听到老顾客这样的感叹。所谓没有欢迎氛围指的是，客人不能从酒店员工那里感受到“感谢您的光临”这种“WELCOME”的氛围。

我认为之所以会这样，有时代的原因。在老顾客心中，对大仓酒店的印象还停留在酒店创业初期。当时日本酒店行业正处于朝阳期。那时的酒店员工在和客人的接触中学到了很多东西，在思考工作方法的同时，形成了一套独有的酒店哲学。从这个意义上讲，虽然当时服务技能尚未成熟，但通过和客人密切接触，员工们花了大量时间精力来理解以及体察客人的想法。

然而，随着时代的演变，创造大仓哲学的员工已经上了年纪，大多退居二线。那些在大仓创业时期出生的年青一代，担起了接待客人的重责大任。当然，他们也作为大仓的员工接受过培训，并带着荣誉感在工作。

从服务技能上来讲，相比于创业初期，现在的服务更专业、更讲究，而且有了完善的体系。但我的体会是，我们应该在酒店哲学的传承上多下功夫。

现在的酒店员工确实抱着“大仓必须为客人提供优于其他酒店的服务”这样的使命感。然而，他们对此的理解仅限于服务技能。结果就是，他们时刻担心是否出色地完成了“WELCOME”流程。

当然，形成如今的局面，责任不在现在的年轻员工，而在疏于传承酒店哲学的“老前辈”们（包括我在内）。也许现在就是我们重新审视、重新思考的时候了。

为了复活大仓的酒店哲学，需要对员工进行再教育，让他们充分感受到在大仓工作的乐趣。在不断优化的服务中，也要始终保持不变的内核，这正是哲学。虽然能力有限，但我也想为大仓哲学的传承尽自己的一份力量。

大仓酒店的员工精神

- 不断前进
- 以世界第一的酒店为目标
- 保持和睦
- 保持亲切
- 创造快乐的职场

*已故名誉会长野田先生在开业年度入社仪式上的训词。

BEST A.C.S.

A=ACCOMMODATION（设施）
C=CUISINE（料理）
S=SURVICE（服务）

必须始终为客人提供最好的设施、料理以及服务。
为此需要在日常工作中不断加强服务技能、培养良好的服务面貌。
心怀清新优雅的心，不忘营造氛围。

专栏

酒店（Hotel）的词源是什么？

本书中反复出现，大家通常说的酒店（Hotel）究竟是什么意思呢？实际上，酒店（Hotel）这个词，也代表着它的诞生、变迁，以及存在的意义。

酒店（Hotel）一词原为法语，其词源是中世纪罗曼语族[①]的 Hostal。如果要进一步追究其源头，则是拉丁语 Hospitāle。它的意思是“接待客人的地方”，并不只是简单的住宿场所。

我们再试着追溯一下酒店的变迁史。据说从罗马帝国时代（公元前 27 年—公元 375 年）到 5 世纪，基督教朝圣者们的宿舍被称为 Hospitāle。到了 14 世纪中期的文艺复兴时期，英国出现了叫作 Inn 的住宿机构。以此为开端，住宿的人中除了此前的商人和朝圣者，一般的观光旅行者也多了起来。这类住宿场所通常为临街建造的 2~3 层建筑，中庭是马车的歇脚点。

到了 18 世纪，经过工业革命，交通便利的宿场町[②]

---

① 印欧语系中的一个语族。以古代拉丁语口语为基础形成的语言。如意大利语、法语、西班牙语、葡萄牙语和罗马尼亚语等。

② 也称宿驿町，以宿驿为中心形成的城镇。

贸易繁盛，逐渐发展为商业大都市。此前在宿场町的Inn也随着都市的变迁，从临街的小建筑演变为大都市中的大型建筑。为了表示区别，在欧洲，将大型的住宿机构称为Hotel，之前的小型临街住宿机构则继续称为Inn。

在欧洲，最早冠上Hotel之名的是1770年建成的，位于法国加来的Dessiens's Hotel。

如今在日本，根据《旅馆业法》的定义，酒店是指"以西式构造和设施为主的机构，收取住宿费、供人住宿的场所"。之所以特意指出"西式"，是为了将酒店和日本原有的住宿机构区分开来。早在16世纪，日本就有只需缴纳烧泡澡水的柴火钱即可住宿的简易"柴钱旅店"，江户时代出现了以游玩为目的的旅客入住的"旅篭屋"，以及提供给商人住宿的"問丸"等。

顺便一提，日本最早的酒店是在1860年由荷兰人开办的横滨饭店。

简单地把住宿机构称为酒店，不管是从词源还是从其历史来看，都不能准确符合酒店的定义。

第2章

【实践篇】针对设施投诉的最佳应对方法

·客户投诉的问题多种多样，本章我将从大仓酒店实际发生过的有关设施及房间用品的投诉，来介绍客诉应对方法。

1 “找不到酒店位置！”

投诉场景：

预计今天入住酒店的客人给前台打来电话。

“那个，我现在在距酒店最近的车站，但不知道怎么走到酒店，按照地图指引的路也找不着……”

客人言语之间充满无助，好在经前台的详细指引，客人终于到达酒店。但客人一脸疲惫地说：“你们酒店可真难找啊！虽然酒店很好，但要是约人会面，你们酒店可真不合适。”

大仓酒店坐落在虎门一带地势稍高之处，创立初期，由于周围尚无高楼大厦，因此从虎门地铁站出来后，马上就能知道酒店所在方向。但现在这一带高楼林立，确实很难找到。

酒店位置难找这一点，成为客人弃选的主要原因。比如，与工作伙伴或者朋友、熟人约见的时候，即使有人提议说：“在虎门的大仓酒店碰头吧”，可能马上就有另外的人提出：

“那里太难找了，第一次去的人很容易迷路，还是换别的地方吧。”不管是酒店、餐厅还是咖啡店，位置好找对客人来说都是一大便利。

客人“不知道酒店位置”时的引导方法

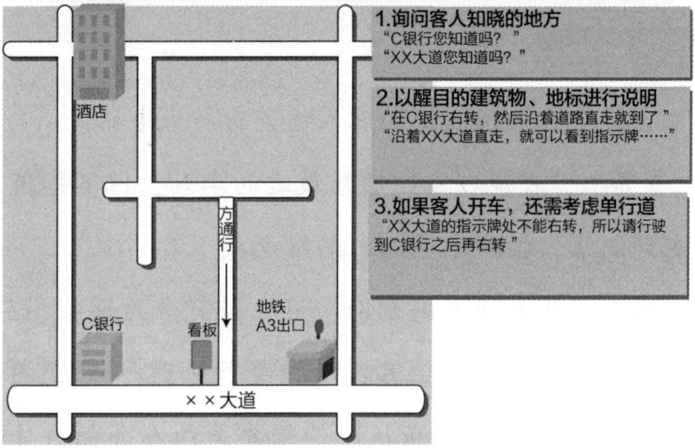

若酒店缺乏这种便利性，则需要考虑对策以弥补不足。在通向酒店的所有道路上设置路线指引牌不失为一种方法，但通向酒店的路线往往有多条，从成本角度考虑很难做到全覆盖。

因此，我认为在离酒店最近的车站附近，预先设置酒店路线问询处是值得考虑的一种方式。而问询处候选是车站附近的商家，因为找不到目的地的人们，通常会去询问车站附近的商家。这时如果商家耐心告知，就能有效弥补酒店位置难找这一劣势。

不过站在车站附近商家的立场，如果每天有几十个人来问同样的事情，肯定也会有不满情绪："我们这儿又不是大仓酒店的介绍所。"这种情况下，酒店方面能否处理好与商家的关系至关重要。

对于那些被酒店客人频繁到访问路的商家，酒店方面应表足心意，比如时常问候"平素给你们添麻烦了，贵店帮了我们大忙，今后还请继续多关照"，或是不时送去小礼物。如果这样用心关怀，想必商家也能爽快地答应做好问询处的角色。

总之，首先要为客人创造便利。若非如此，再怎么努力提升服务品质，最后可能也落得个捧着金饭碗挨饿的境地。

"为住客提供优质服务"这样的热忱服务，其实发生在"入住阶段"。若是忽略了前期"吸引客人前来应做的准备"，那么热忱服务就无从谈起。可见，酒店所在位置的清晰化是提供服务的前提。

应对

除了设置酒店路线指引牌，还应与酒店最近站点能成为信息源的商家、个人做好沟通，建立良好关系，以此为客人创造便利。

2 “酒店大堂的位置很难找”

投诉场景：

有客人反映“酒店建筑结构复杂”。

确实，由于大仓酒店建在半山腰，所以建筑结构较为复杂。

工作人员通过内线电话与客人说明大堂的位置，但始终无法让客人明白。由于未能讲明白，最后客人怒道：

“既然你们酒店建筑复杂，为什么不预先设置好指示牌或标识呢？”

我不清楚是否有读者入住过大仓酒店，大仓酒店确有其自身的“痛点”。

大仓酒店主楼的大堂层，位于大楼正面入口处那一层，若是乘车前来，就在这一层下车。客人自然会认为此处是 1 楼，但实际上大堂层是 5 楼。如果客人需要去 2 楼，那么进入大堂就需要乘坐电梯。为此，酒店方面需要考虑到客人的便利性。

造成大仓酒店这一痛点的原因在于建筑法。由于大仓酒店所在一带属于住宅专用区域，建筑法规定建造在其中的建筑物高度需在二十几米以内，为满足限高要求，建造时将小山包的顶点作为地面（0 米）来计算，最后形成了这样的建筑构造：在二十几米的限高范围内是大仓酒店的 5~11 楼，而 1~4 楼在地下。虽说是为满足法律规定，但也是大仓酒店图自己方便。当然不能以此为由给客人带来不便。

出现“酒店大堂位置难找，一点都不方便”这样的投诉，理所当然，但大仓酒店自创立以来，就是这样的建筑构造，事到如今若要改变，恐怕会造成另外的麻烦。因此有必要考虑以不同的形式应对客人这一投诉。那么大仓酒店是怎么做的呢？

大仓酒店的应对方法是由酒店员工来弥补建筑构造上的不足。相比于其他酒店，大仓酒店配置了较多的服务人员，以便尽可能快速引导迷路的客人。这里的引导并非简单地说“宴会厅在 2 楼，请乘坐电梯下 2 楼”，而是要求员工一定要引导客人到电梯，并告诉电梯服务人员，客人要到几楼。

不过这也要视具体情况而定。针对那些有数次入住体验，并对大楼内情况大体了解的客人，如果也按此方法应对，反而会起反作用，因此酌情处理非常重要。要从客人的举止或表

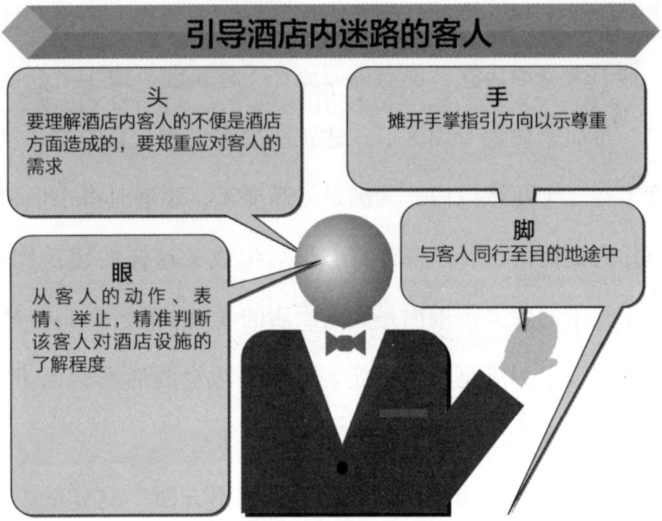

情，判断出服务到哪种程度为最佳。

另一个要点是引导时的“手势”。当客人问“电梯在哪里”时，千万不能一边说“在那里”，一边用手指指方向，而应该摊开手掌指引方向，同时与客人同行数米进行引导。看起来似乎只是手势的差异，但收获的客人好感度有天壤之别。摊开手掌的姿势，更能让客人感受到真心诚意。

应对	**通过员工细致的引导，让客人感受到真心诚意。**

3 “（问了他人）评价不好”

投诉场景：

前台接到客人取消预订的电话，而几天前这位客人还说：“很期待入住。”

所以期盼客人入住的酒店员工便试着询问：“请问是什么原因让您取消订定呢？”

客人语气冷淡道：“我打车时问了出租车司机你们酒店怎么样，结果评价不太好，所以我就改订了其他酒店。”

酒店行业的生命线是能否尽可能吸引更多的客人。每家酒店都在为此费尽心思，策划各种形式的宣传，比如定期组织活动，或者售卖住宿+餐饮的套餐等。

诸如此类在营销方面的努力当然很重要，但还需要平时在其他方面做努力。如前所述，大仓酒店在地理位置方面存在些许不足，在酒店最近的车站下车后，并不能马上看到酒店建筑，而需要花费七八分钟，才能从车站步行至酒店。

为弥补这一不足，吸引更多客人入住，针对外国客人及出租车司机等可能成为口碑信息源的人群，更要提供细致入微的服务，这一点至关重要。

哪里可成为口碑信息源?

出租车司机	附近的便利店香烟店	最近的车站	附近警察值班岗亭
将客人源源不断地送到酒店的关键人物	为迷路客人指引到酒店的路	去酒店的客人问路最多的地方	开车到酒店的客人问路频率高的地方
·司机专用洗手间保持干净卫生 ·为司机提供周到的服务	·创造时机，拜访问候，“平素承蒙关照”	·与车站工作人员建立熟络的关系，便于日后为客人指引路线	·每次路过时寒暄问候“您辛苦啦”，维持良好关系

例如，外国客人要在酒店玄关前乘坐出租车时，门童须询问目的地，并将客人要去的地方告知出租车司机。酒店这样要求是因为考虑到如果由外国客人自己告诉出租车司机，可能会因为语言沟通不畅而导致出行受影响。

外国人有外国人之间的人际网络，如果入住酒店时享受到了贴心的服务，那么就会得出“那家酒店服务非常好”这样具有宣传效果的评价。

对将众多客人送到大仓酒店的出租车司机群体的格外关照，也是不可或缺的一环。

大仓酒店的具体做法是设置司机专用洗手间。对一整天都在车上度过的出租车司机来说，在哪里上洗手间是非常重要的问题。大仓酒店的专用洗手间不仅干净卫生，还设有售卖果汁等饮料的自动贩卖机。虽然不能做到提供免费饮料，但这已经收获了不错的评价。在洗手间墙壁上，还张贴着“司机朋友们，辛苦了！请一定安全驾驶哦”的话语。所以大仓在出租车司机群体中颇有人气，甚至有“要用洗手间的话，就去大仓”的说法。

像这样在日常方面的努力，对吸引客人大有帮助。对大仓印象很好的出租车司机们在休息日考虑与家人聚餐的地点时，很可能会想到“要不就定大仓吧”。此外，他们和乘客聊到大仓的可能性也极高。最有效的宣传手段就是口碑，口口相传会为酒店带来更多的潜在客源。

应对

想办法获得出租车司机或外国客人等可能成为口碑信息源群体的助力。

4 “桌子下方的墙纸是脏的，电线也是乱七八糟的”

投诉场景：

客人给经理打来投诉电话。

“桌子下方的墙纸是脏的，电线也乱七八糟的，希望你们来处理一下”，经理马上安排人前去处理。然而过一会儿，这位客人又打来电话，“浴缸香皂盒里放着前一位客人留下的香皂。你们酒店每次都有好好检查吗？”

酒店员工当然每次都会认真检查……

酒店房间内有许多一次性用品，负责更换的是打扫房间的保洁员，之后会有被称为检查员的员工来做最后检查。

检查员会仔细检查房间，如床铺、浴室内的一次性用品、桌椅的位置等，以确保房间处于准备迎接客人的状态。但由于是人工检查，无法保证达到100%的完美状态，有时也会出现如下投诉：

“桌子下方的墙纸是脏的，电线也是乱七八糟的。”

房间内设有电视机、电话、灯等，因此有多条插线，如果不加整理，客人会介意插线凌乱的状态。另外，墙纸上的污垢也会给客人留下“打扫不彻底”的印象。

检查房间是检查员的工作，由他们来判断“这样就可以了”或者“这里要重来”，并要求保洁员返工。其岗位要求他们在细致工作的同时做出准确的判断。

因此，根据对实际负责打扫房间的保洁员发出的指令不同，结果也有所差异。比如，发出“电线插头要这样、这样，弄成这样的状态”的指令，与“整理一下电线插头”的指令，结果肯定不一样。

另外，浴室浴缸的墙壁上设有放香皂的地方，因为有低位和高位两个地方，有时会出现未用完的香皂没有被收走的情况。原因在于打扫房间的保洁员的身高，个子矮的保洁员在打扫时，没法看到高位放置香皂的地方还有未用完的香皂，所以就忽略过去了。

“放香皂的地方一定要用手摸一下，以确认是否还有未用完的香皂。”

如果检查员发出这样清晰的指令和明确的要求，就一定能杜绝香皂残留的情况。

客房点检要点

进门处附近	门	圆筒状锁可正常开、锁
	开关	是否正常
壁柜	柜门	有无划痕、开门关门是否顺畅
	挂钩类	是否晃动、不稳定
	衣架杆	是否脱落或衣架杆本身有无弯曲
	扬声器	是否除雾、音量是否嘈杂
	电话	是否干净，拨号音、按键是否正常
	灯具类	灯罩是否有污垢、是否能正常调光
床周围	床	床下有无掉落物品
	床头	靠枕部分有无污渍
浴室	洗面台	镜子、单面镜是否清洁光亮， 水龙头有无晃动
	吹风机出风口	是否有灰尘、头发等
	地板	是否清洁光亮
	地漏	是否有异味
	浴缸	用手摸检查是否有污垢 浴室防滑垫是否生霉

应对

检查员发出的指令要清晰明确。

5 “房间里的紧急避难指引牌歪了！”

投诉场景：

客人满是怒气地打来电话说：

“放在房间门后的紧急避难指示牌歪了，让我觉得很不舒服。”

因为时间太晚无法施工更换，于是便跟客人商议：

“由于深夜不便施工叨扰，明天一早就去更换。”结果客人非常生气地回道：“现在马上换！”

有时酒店方面自以为为迎接客人做好了万全准备，但其实仍有疏漏。客人看到这些疏漏之处，要投诉也可以理解。“放在房间门后的紧急避难指示牌歪了，让我觉得很不舒服。”这样的投诉就是其中之一。

“虽说指示牌歪了，但只要能看清写的内容，其实也并无大碍”，万万不可以这样的借口敷衍客人。只要客人对此有不愉快的感觉，酒店方面就必须立即拿出行动应对。

客房检查表

客厅检查项目

门　门锁的开/关 □　门把手□　门铃□
有无"请勿打扰"□

室内过道　地灯的开/灭 □　全身镜有无污垢 □　裂痕 □
空调开关调温键是否正常 □　墙纸有无污垢□

壁橱　外部擦拭 □　内部清洁 □　衣架数量 □　拖鞋 □
衣服毛刷 □　鞋拔子 □

地毯　污点 □　污垢 □　烧痕 □　吸尘器清扫 □　纸篓点检 □　床下 □

床　干净的布草类 □　床罩的污垢 □　床的位置 □　头发 □

床头柜　空调的运转、温度 □　闹钟的时刻 □　便笺类的整理 □
电话的清洁 □

窗户玻璃　裂痕 □　裂缝 □　伤痕 □　干净光亮 □　手印 □

窗帘　污垢 □　破损 □　开/关顺畅度 □

电视　开关、画质 □　电视屏幕除尘 □

写字台　台灯的灯泡 □　椅子有无损坏 □　茶壶的水量 □
火柴 □　纸巾 □　玻璃杯数量 □　烟灰缸 □

落地灯　灯泡是否损坏 □

浴室检查项目

浴缸　滴水 □　地漏污垢 □　淋浴器 □
香皂 □　头发 □　香皂盒内的清洁 □

浴帘　污点、污垢 □　挂钩 □

马桶　马桶里外清洁 □　冲水阀门（水量）□

镜子　镜面污垢 □

毛巾　数量 □　放置位置 □

洗漱用品　垃圾桶 □　洗发水、护发素的数量 □

遮光帘　遮光 □

此外，如果仅是被指出问题后答应修理，而不及时付诸行动也不行。在客人提出问题那一刻，一定要马上说：

“感谢您的批评指正，我们马上整改。”

这一点非常重要。关键在于说话时机，对客人提出的任何问题，都要第一时间跟进处理，一旦耽误到客人退房时再说“昨天感谢您的问题指正”这样的话，则为时太晚，最终造成服务上的疏漏。

应对

不仅要在事前精心做好准备，更要在出现客人提出问题后第一时间跟进处理。

6 “静电太严重了，能不能想想办法”

投诉场景：

服务员帮两名女客人将行李搬至客房并说明了房间设施的使用方法。

当对客人说完“请好好休息”准备离开时，一位站着的客人尖叫起来，并向服务员抱怨：

“这个房间的静电好严重啊，就不能想办法处理一下吗？”

话音刚落，另一位客人也立即附和道：

“在房间走动时，静电噼里啪啦，根本无法放松。”

“其实我们很认真地在做防静电的工作……”

客人入住酒店只为追求舒适，我认为只有客人在这里体验到有别于平日生活的舒适，才会觉得值得入住。比如满足自己期待的服务、氛围好的餐厅或咖啡厅、令人静心的大堂……

毫无疑问，酒店在环境打造上下了很多功夫，但很难做到尽善尽美。可以说，在寒冷的冬季一定会出现如下抱怨：

“静电太严重了，能不能想想办法。”

大家应该有过猝不及防被静电“啪地”击中的经历。然而在铺地毯的空间里，不可能完全消除静电，尤其是在全方位无死角铺了地毯的酒店，可以说遍布静电的伏击。当然酒店方面并非对此放任不管，而是采取了每年两次给地毯喷防静电喷雾等措施。另外，近来出现了防静电地毯，可能有的酒店已经用上了这样的地毯。

但在现阶段，不管酒店采取何种措施，仍然无法做到完全消灭静电，唯有期待防静电技术的进一步发展。

另一酒店难题就是“异味”。厌烟人士难以忍受烟草味，而重度烟草爱好者哪怕只在密闭的酒店房间内待一小时，空气中也会弥漫着烟草味，不下一番苦功夫很难完全消除。

大仓酒店采取了设置禁烟楼层等措施，以满足厌烟人士的需求。虽然入住禁烟楼层客房的客人从未投诉过，但宴会厅还是成了“异味”的重灾区。

宴会厅内几百位客人齐聚一堂，除了烟草味，还充斥着料理味、酒精味、众人聚集产生的闷热气味。虽说有空调设备，但宴会厅内的异味消除仍然是个难题。

会场布置可以依靠人力解决，但异味很难由人力消除，即使让空调满负荷运转，效果也有限。为了不给后续使用宴会厅的客人带来任何不适的体验，酒店努力采取一切可行的措施，比如开窗通风等。但仍有不少时候未能充分解决这一问题。

可以说静电与异味，是摆在追求服务品质的酒店人面前的难题。

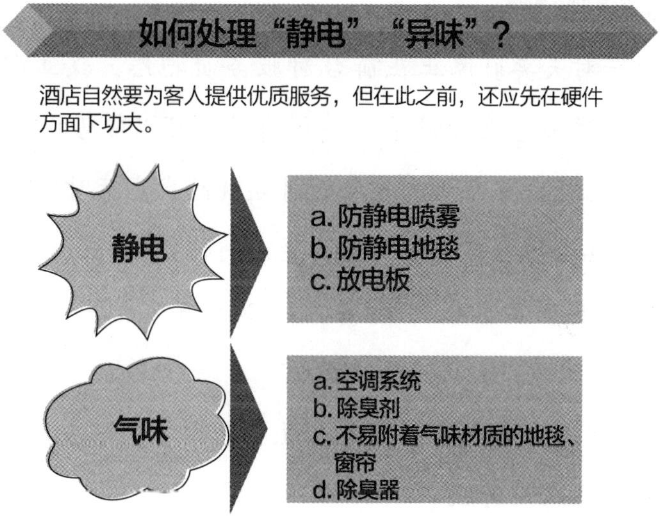

应对

“静电”“异味”相关的客诉应对相当困难。面对此类客诉，酒店员工应努力回应客人。此外，酒店硬件设施方面的改善也十分必要。

7 “办理入住时，前台向我打听离开时间真让人不舒服！”

投诉场景：

一对夫妻好像正在前台对服务员抱怨，我立即过去询问缘由以进行调解，“请问有什么可以帮您的吗？”

“为什么要在正办入住的时候就问我离店时间呢？”

“其实前台是想了解您的退房时间，如果过了退房时间，酒店会加收超时费，所以想先了解一下您的计划。”

“可是在我听来，就是在说几点你才能把房间空出来，真让人不舒服。”

一般来说，酒店退房时间是 11 点或者 12 点。在此之前任何时间退房都没问题，这是客人的自由。但有时也会出现与退房有关的投诉。

例如，“办理入住时被问退房时间，真是让人很不舒服”。问退房时间，在客人看来就感觉是酒店赶人离开。但其实前台员工不太可能用“请问明天您几点退房呢?”等带有暗示“几点房间能空出来”意味的话语。

通常是用“请问能告知一下明天的出发计划、外出计划吗（客人续住几日的情况）?”这样的说法。酒店之所以问客人退房时间，也有其道理。

住宿业务流程

住宿业务流程	预约	→	办理入住	→	客房保持	→	退房	→	送客
客人的动作	预约手续	→	到店登记	→	入住	→	结账	→	离店

在住客中有部分客人，过了退房时间仍然不退房，即“延迟退房”，但如果延迟好几小时，酒店就会收取超时费。办理入住时，了解客人的退房计划，如果客人的意向是：

“我想明天下午 3 点左右出发……”

这时前台服务人员会告知客人超时费的相关规定，让客人做到心中有数。但是如果前台员工因为不了解客人的退房计划，而未告知客人有超时费的规定，客人在不知情的情况下超时退房，就很容易出现以下一幕：

“你们收了超时费，我之前可没听你们说过有超时费。”

正因为有可能发生这样的事情，所以酒店从防止纠纷的角度考虑，要在办理入住时了解客人的退房计划。

同时酒店也有打扫房间及整理床铺方面的考量。酒店客房的打扫整理是按楼层顺序进行的，如果不了解客人的计划，会给打扫客房的顺序带来一定的不便。

如果不了解客人的计划，保洁员就会陷入这样的疑问中：“明明已经到退房时间了，客人发生什么事了呢？我大概几点开始打扫才好呢……”

另外，酒店方面也可能会想，客人是否遇到什么意外了，甚至还会打电话到客房询问。为避免出现上述情况，酒店才有办入住时了解客人退房计划的规定。

应对

为让酒店员工更顺利地开展工作，原则上需要了解客人的退房时间。但千万不能让客人有酒店方面在赶人的感觉。

8 “明明预约好了，却还叫我等”

投诉场景：

办理入住的客人一脸不耐烦的表情，跟前台抱怨：“预约个什么鬼啊，我一周前就预约好了，也告诉了你们我来的时间，为什么还是不能快速办理入住呢？”

其实是由于前一天入住的客人超时退房，导致房间还未整理妥当。

“非常抱歉！因为在您之前入住的客人超时了……所以……”

“我预约的时候，如果你们能说一下就好了啊，比如前面的客人可能会延迟退房之类的话……”

为了让酒店预留房间，客人基本上都会提前预约。收到预约的酒店通常会询问到店时间，因为酒店需要结合客人的到店时间及空房情况来考虑客房安排。

可是在客人看来，既然我已预约，并且也告知了到店时间，只要在预约时间到店，就应该很快办理入住。因此，会出现这样的投诉："明明已经预约好了，却无法马上入住房间，我还得等。"

当然，酒店不可能无缘无故地让客人等待，只是某些不得已的情况下，无法立刻为客人办理入住。

之所以会这样，是因为客房情况处于动态变化中。例如，淋浴等设备故障需要时间修理，导致原计划 10 点空出来的房间，一直到下午都还没有空出来，酒店无法保证这类事件不会发生。

只是，针对等待的客人必须有相应的措施，如果是行李很多的客人，那就有必要问一句："我们帮您寄存您的行李吧？"

如果是远道而来看起来很疲惫的客人，可以试着问对方："您先暂且在空房间里休息一下，稍后再换到您预订的房间怎么样呢？"

总之，要学会随机应变，结合客人的等待时间、状态等，综合判断如何采取最佳的应对方法。

还有，如果酒店预判某天入住的客人会比较多，那接受那一天入住的客人预订的时候，就要说明"入住当天可能人会比较多，办入住时需要多等一下。这一点您能理解并接受吗？"像这样事先打好预防针，也不失为一种方法。

此外，关于客房位置，我想客人有个人的喜好，比如“我不喜欢走路，最好是离电梯更近的房间”“对电梯声音敏感，会睡不着，我要离电梯远一点的房间”。因此酒店在接受客人预订时，最好确认一下客人的需求，这也能有效避免客诉。

接受预约时的确认要点

1	到达日·具体时间、确认到达航班、住宿天数
2	客人姓名
3	客房类型与费用、人数
4	支付方法（现金、信用卡、积分卡等）
5	预订客人的联系方式

应对

接受预约时详细确认信息，将需要说明的事项事先告知客人。

9 “明明是酒店，报纸却不免费”

投诉场景：

一位看起来很爱旅行的客人，在办理入住时和前台有如下对话：

前台：“明早的晨报如有需要，给您送到房间吧。是否有指定的报纸呢？”

然而客人看着送报费用，说：“其他酒店晨报都是免费的，你们酒店还要收费啊？”

前台：“可是，我们酒店……”

客人在入住某一酒店时，早晨，从房间的门缝儿处收到了酒店送来的报纸，如果是此前没有类似体验的客人，就会觉得超暖心：“原来酒店还免费送报纸啊，真贴心！”

可是，之后如果这位客人再入住其他酒店，而那家酒店没有免费报纸服务的话，就会产生抱怨：

“明明是酒店，还没有免费报纸，怎么搞的啊！”尽管不免费提供报纸的酒店并没有任何服务上的疏漏，但提出意见的客人却很介意这一点，这就造成了一定的麻烦。

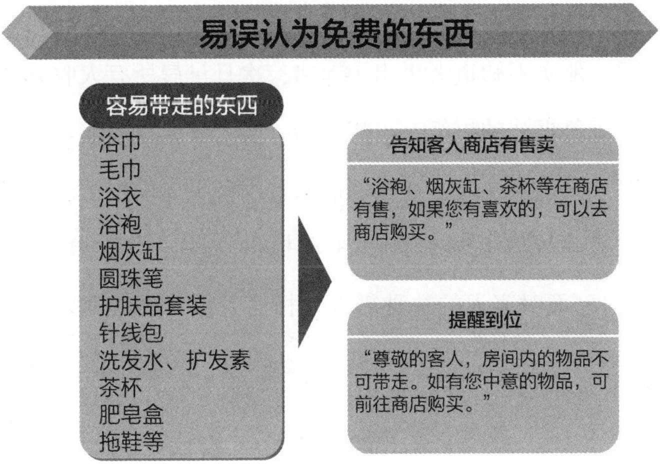

其实仔细想想，让酒店免费提供报纸，对酒店来说未免有些苛刻。酒店光准备几百份报纸就是一笔不小的开销，加上近来房费打折的时候越来越多，在房费降低的基础上，还要免费提供报纸，酒店可能承受不了。

现在，为每个客房都免费提供报纸的酒店已经是极少数了。因此大部分酒店都面临上述客诉风险，不过应对该风险的方法其实很简单。

客人在办理入住时，前台只要问一下客人就可以了，“明早需要将报纸送到房间吗？需要什么报纸呢？”这样既能满足确实需要报纸的客人群体的需求，也可以有效避免为所有客房准备报纸带来的成本浪费。

说个题外小故事，关于报纸我有过痛苦的回忆……很久以前，某报社相关人士在酒店召开会议，入住客人皆是除社长外的高层，那次不知道哪里出了差错，次日早晨所有人收到的竟然都是竞争报社的报纸。可想而知，客人肯定是震怒。

客人办理入住时，如果酒店前台没有事先就报纸服务进行说明，我建议客人最好能够主动提出“明早，我想看××报纸……”。面对客人的这种需求，相信大部分酒店都可以轻松应对。

应对

在客人可能抱有先入之见的项目上，事先与客人确认，同时告知该项目的费用情况。

10 “希望在洗脸台前面放一把简易椅子，我家就是这样的”

投诉场景：

一位年长的客人在跟前台沟通：

“希望你们能在洗脸台前面放一把简易椅子……”

可是酒店洗脸台前的空间较小，酒店没有能放得下的小椅子，所以前台回应道：“十分抱歉，我们没有这方面的准备。”然后这位年长客人面带苦楚地说道：“我腰不好，所以我在家都是坐着洗脸的……”

为了让客人住得舒心，酒店客房里基本上都准备了必要的物件，每样东西的摆放也颇有讲究。尽管如此，仍然很难做到十全十美。类似于“这里做得不够”“没有这个真的好不方便”的投诉，不可避免地伴随着酒店这样的非日常场所。

例如，客人提出这样的要求：

“希望你们在洗脸台前放一把简易椅子，我的腰不好，所以我在家都是坐在椅子上洗脸的……”

从客人的“日常”来看，洗脸台前有椅子是很自然的事情，但酒店客房是为考虑大众的方便性和功能性而设计的，在并不宽敞的盥洗室里常备椅子，对其他客人来说可能是挡路、多余的存在。因此，不放置椅子才是客房的标准模式。

不过酒店仍然应该做好尽可能应对客人日常需求的准备。如果客人提出在盥洗室放置椅子，酒店要能应对。有些酒店可能会直接回绝：“很抱歉，酒店没有这方面的准备。”显然，这样毫无人情的冷漠应对无法令客人满意。

即使是无法立马准备好的东西，也应该这样说：“请您给我们一点时间，我们努力为您准备好……”“非常抱歉这次无法满足您的需求，下次您来的时候，我们一定先准备好。”

言语上直接拒绝客人，与言语上表示出努力应对的意向，毫无疑问，这两种应对方式给客人留下的印象有着天壤之别。

不过酒店最头疼的是遇到如下情况：

“我们家的浴室里有桑拿房和按摩浴缸，你们这儿能想办法办到吗？”

就算这是客人的“日常”，可是酒店方面着实难以满足，只能告诉客人：“我们酒店在澡堂里设有桑拿房和按摩浴缸，可以请您移步至那里使用吗？”

当然现实中不全是出难题的客人，只不过提出满足其

“日常”要求的客人时常有之。可以说，酒店能在这方面做到哪种程度，关系到酒店的整体品质与服务品质。

如何应对客人的“日常”

客人的需求：“希望浴室里有把椅子……”

→对客人而言这是“日常”，但这个要求不在酒店的准备范围内

A 非常抱歉，
在狭窄空间里放椅子的话会挡路……

B 非常抱歉，我们很难马上准备好，不过我们会想办法，
请稍微等待一下好吗？

A根据常识判断而进行的应对与B充满诚意的应对，二者给客人的印象可以说有天壤之别。

应对

应时常准备好应对客人的“日常”需求，如果确实难以满足，也要展现出在可能的情况下，尽最大努力的态度。

11 “时间确实有点晚了，但是我想用餐……”

投诉场景：

深夜11点，前台的电话响了。

客人询问前台：“我现在想用餐，能不能简单做点什么吃的啊？”

这个时间点厨房工作人员都早已下班。

可是如果前台直接回复：“非常抱歉，现在没办法用餐了”，客人可能会心有不满，心想：“我只是想说，有类似三明治那种可以快速做好的食物就够了啊……”

入住酒店的客人多少都有“任性”的一面。不过这也合理，因为他们支付了享受优质服务的价格。

平时生活中，深夜饿了的时候，只要先生跟太太说：“哎，肚子饿了，给我做点儿什么吃的吧。”大部分人都会受到太太的斥责：“现在几点了，想吃自己去做。”然而酒店只要接到客人电话，就必须马上应对：“明白。我们有三明治和鸡尾酒，马上送到您房间。”不一会儿，客房服务的推车就到了。

只要在“常识”范围内，客人的任意需求酒店都应该满足。可以说酒店业务就是尽最大努力满足客人的需求。

但话说回来，其中并非没有超出“常识”的事例。比如以下投诉：

“你们垃圾桶太小了，垃圾都扔不下，这很让我头疼！”

酒店是按照客人能够产生的最大垃圾量来准备的大小合适的垃圾桶，如果客房摆着巨大无比的垃圾桶，环境氛围就被破坏了。

但不管怎么说，既然客人提出了垃圾桶容量不足的投诉，那酒店员工就应该立刻去处理，这是职责所在。最怕的是，遇上垃圾量惊人到连酒店都忍不住怀疑，客人是不是从外面某处直接带垃圾过来的。

此外偶尔还有“没有浴袍，我需要孩子用的浴袍”这类需求，但浴袍这类物品是套房才有的配置，而非标准配置。

应对

要做好准备应对“酒店常识”范围内客人的“任性”要求。

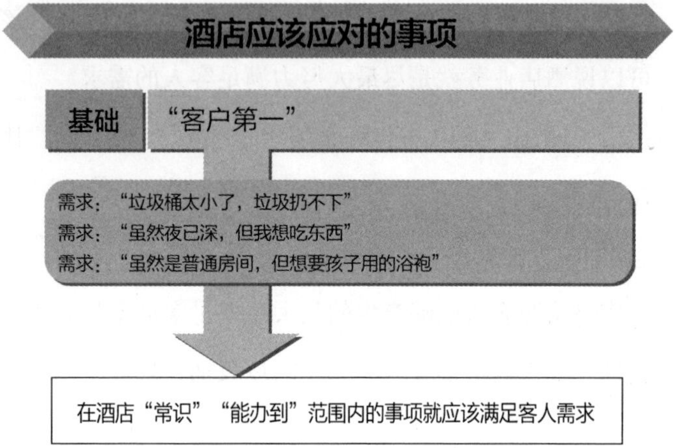
酒店应该应对的事项
基础
“客户第一”
需求：“垃圾桶太小了，垃圾扔不下”
需求：“虽然夜已深，但我想吃东西”
需求：“虽然是普通房间，但想要孩子用的浴袍”
在酒店“常识”“能办到”范围内的事项就应该满足客人需求

12 “酒店竟然拿出速溶咖啡，真扫兴”

投诉场景：

客人退房离开后，在酒店问卷调查中写了如下内容：

“对客房免费提供的东西提意见，我心里也有些过意不去，但还是想说，房间里的免费速溶咖啡就不能换一下吗？好不容易在酒店享用完美食，想回到整洁舒适的房间好好放松一下，可是廉价的速溶咖啡味太煞风景了。毕竟是有品位的酒店，建议还是在这类物品上讲究一点为好。”

酒店客房一般都备有茶、咖啡等饮料。拿茶来说，近来很少有酒店会选择茶叶+小茶壶的搭配，基本上都是用茶包。咖啡的话，则多是速溶咖啡。

茶（咖啡）包虽是酒店免费提供的，但客人如何看待这件事呢？

我想有不少“速溶咖啡多少有些乏味，但毕竟免费，就将就吧”这样想法的“知足派”客人，但也不乏“挑剔派”客人的存在。

“本想在酒店体验到高级感，结果咖啡是速溶咖啡，真扫兴。”

对于想逃离日常生活、在酒店尽享优雅时光的客人来说，不能凸显品位的速溶咖啡残忍地打破了其对酒店的美好憧憬。

虽说可以通过客房服务点咖啡，但这样会产生不小的开支，无奈之下，客人只得怀着不悦的心情喝速溶咖啡，这影响了客人的住宿体验。

大仓酒店过去也在客房提供速溶咖啡，但喝的客人很少。

所以从某一时期起，大仓就换成了滴滤式咖啡，不过滴滤式咖啡不是免费的，要收取 600 日元的费用。尽管要收费，但咖啡的饮用率一下子就上去了。我想这个数据刚好反映了客人的“真实想法”，那就是：

比起免费的速溶咖啡，更愿意花 600 日元喝一杯正儿八经的滴滤式咖啡。

“服务就是回应客户的想法”，我多次强调这一理念。可见，“免费”并不一定就是好的服务。

我常去温泉旅馆，这里想提一下住温泉旅馆时枕头旁边放的水壶。哪怕壶里装的是冰块，到半夜想喝的时候，也会融化成水，并且是常温的水了。就算这是免费的我也不想要。

比起这种免费水，我更希望冰箱里有收费的矿泉水，这样想喝冰水的时候就能喝到。想必不少客人也有跟我同样的想法。

“免费”就是好的服务，这种理念亟须转变。

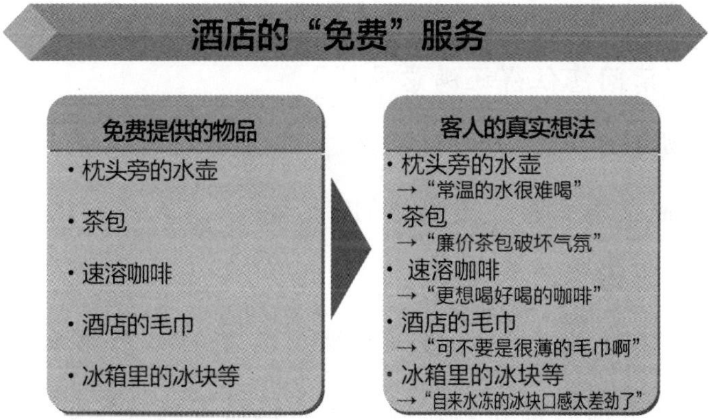

比起是否免费提供，更应思考什么才是客人真正想要的服务。

应对

提供让客人满意的服务比是否免费更为重要。

13 “希望酒店客房的一次性用品能有些高级感”

投诉场景：

酒店员工看到一位即将离店的客人，便问：

“请问您住得还满意吗？”

那位客人微笑着说：“嗯，非常高级的感觉，感受了一把奢华体验，谢谢你们。”

“感谢您的光临！”

“不过就是房间的一次性用品稍微差了那么一点儿，没有名牌的东西，酒店的高级感都被破坏了。”

入住酒店的客人都期待能体验高级感。确实，酒店不管是住宿，还是餐厅、茶室，价格都不便宜，客人花费了高价，想追求高级感也是人之常情。酒店的职责就是努力回应客人的期待，然而难就难在“高级感”这个概念没有统一的量化标准。例如有的客人说：“希望酒店的一次性用品，能提供些稍微有点儿高级感的东西。”所谓的酒店一次性用品，是指浴室里放置的肥皂、洗发水、护发素等物品，也就是说客人认为这些物品缺乏高级感。发出这类抱怨的客人，在他们看来："因为是一流酒店，所以这些物品就应该用名牌。"

当然酒店的一次性用品也可以是彰显高级感的一种方式，但不管用多贵的一次性用品，如果浴室水槽周围留有水滴，或者浴缸里有掉落的头发，高级感也无从谈起。

与其在一次性用品上过度"装点门面"，不如在创造干净且舒适的浴室环境上多花时间和金钱。我认为后者更能让客人感受到高级感。

从服务的角度来看，我认为比起依赖一次性用品这类硬件，在浴室环境的清洁度等软件上不断提升，反而更能催生高级感。

例如浴室里的香皂，有些时候打开香皂包装外盒，里面的香皂还包了一层蜡纸，从某种意义上说，这也是彰显"高级感"的地方，但实际使用时，这样的包装就成了障碍。

大部分人在使用香皂时，会先把手打湿，如果香皂包了蜡纸，并郑重贴了标签，打开的时候会有一定的难度，客人甚至会因此想说："算了，放弃，不用香皂了。"

大仓酒店为每间客房提供两块香皂。一块是去掉外包装后放在浴室，客人可直接使用。另一块则放在不会被打湿的地方。这样做主要是为了让客人使用起来更加方便。相比于一味追求包装上的“高级感”，我认为这种方式从服务上来说更显高级。

什么是让客人感受到高级感的服务？

好不容易来酒店，当然想体验奢侈的感觉

硬件方面的高级感	高级香皂 →“但还是平常用的香皂更好”配置了按摩浴缸等的宽敞浴室 →“但干净整洁的浴室更好”
软件方面的高级感	香皂方便取用 浴室干净整洁

如果只顾着打造硬件而不在软件方面彰显高级感，那么不管花费多少金钱都可能白搭。

应对

与其在“硬件”上下功夫，不如从客人使用的便利性、客房清洁感等方面彰显高级感。

14 “难得来泡温泉，结果挂的布帘皱巴巴的”

投诉场景：

一位女性客人在退房时说：

“我很喜欢泡温泉，可是你们酒店的温泉我没有想泡的心情。”酒店温泉泉质上佳，而且在浴池设计上也独具匠心，自认为绝不逊色于他处。于是工作人员马上询问客人缘由，客人回道：

“浴池是很干净漂亮，可惜关键的布帘却皱巴巴的，难得的温泉都被这皱帘子毁了。”

日本人是世界知名的喜欢泡澡的民族，在选择旅行目的地时，也大多将温泉列为首选。

我也不例外，非常喜欢温泉。我留意到无论哪里的温泉旅馆，在浴场入口一定都会挂着布帘。

到达房间换上浴衣，“啊……去泡个澡”，带上这样的好心情奔向浴场，钻进浴场布帘。这一瞬间，我们在期待上好温泉泉质的同时，也希望充分享受旅行的放松感，可如果进入浴场那一瞬间，看到的布帘让人不喜欢，客人就会瞬间失去兴致。

我并不是说一定要用知名作家的作品或者以知名书法家的字进行拔染的布帘，而是只要做到布帘平整清洁就够了。

但有些温泉旅馆若无其事地挂着有些脏且皱巴巴的布帘。温泉旅馆的卖点自然是温泉浴场，而入口处的布帘可以说是温泉浴场的招牌。如果招牌都是那样的状态，可想而知服务质量如何。可能有反对意见说："我们温泉旅馆，是以整体桧木建造的浴场与上乘的泉质取胜，布帘之类的细节可以忽略……"但我想说这样的观点是错误的。愉快地钻进整洁的布帘，与一脸嫌弃地拨开皱巴巴的布帘进入浴场，体验感大相径庭。虽然挂着皱巴巴的布帘也未必会引起投诉，但这只是因为客人的不满还没到爆发的程度，事实上客人心中对此一定感觉不舒服。

普通的布帘充其量一万日元左右一张，大一点的也不过四五万日元，通常不会超过五万日元。我认为平时准备 5 张左右的布帘，每天更换，保持布帘时刻处在干净整洁的状态并非什么麻烦事。同一张布帘连续挂好几天，就是没有领会服务要点的表现。

温泉旅馆的客人大多是住一晚的短期住客，所以即使不每天更换布帘，客人也很难注意到"挂着跟昨天一样的布帘"，旅馆方面万万不可抱着这样的侥幸心理而忽视布帘。相反，正因为是短期住客，更应以整洁的布帘相迎，让客人充分感受到工作人员的用心，始终以愉悦的心情享受温泉。既然是服务，那必须有服务意识，真正用心。

从一张布帘可窥见服务水平的高低，虽然只是区区布帘，但需要引起高度重视。

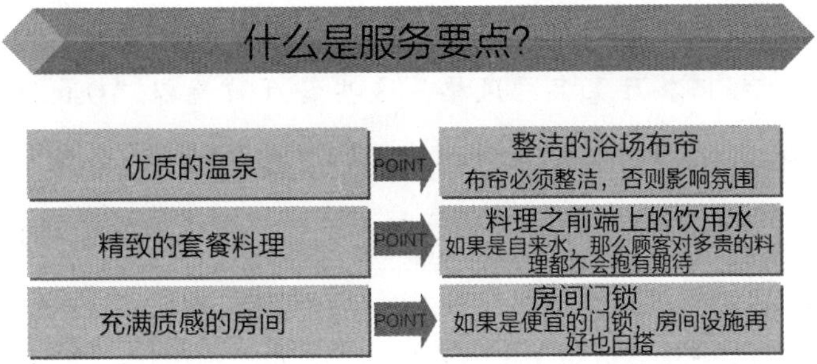

要了解客人在意的点，否则再好的服务也无法真正让客人满意。

应对

优质服务的本质在于客人的“心情”。

专栏

名副其实吗？

意大利料理并非只是风靡一时，时至今日，意大利餐厅仍然备受欢迎。人们想外出就餐时，很多时候会选择比萨或意大利面。

同样身为意大利餐厅，不同的餐厅却有不同的叫法，这一点你知道吗？

根据餐厅菜品、风格，这些餐厅被冠以“Osteria”“Ristorante”“Trattoria”“Pizzeria”等各种各样的名称。

“Osteria”：18世纪以前的意大利，餐厅统称为“Osteria”，它们大多与旅馆合为一体。另外，“Oste”与英语的“Host”是相同的意思，也就是说“Osteria”的说法一直保留到了现在，所以称“Osteria”的店大多是老店，在意大利被叫作“Osteria”的店也大多是老字号。

“Ristorante”：该词来源于法语的“Restran”，是法国大革命之后传入意大利的词。叫“Ristorante”的基本上都是比较正式的餐厅，虽然这类餐厅档次不同，且风格各异，但其共同点是餐厅里都有非常专业的服务员。而叫作“Trattoria”的餐厅，据说在意大利一般比较偏乡土料理，或者是家庭料理，多是由一家人经营的店。所以叫“Trattoria”的餐厅给人一种随意、可放松享受美食的家庭式餐厅的印象。

“Pizzeria”，当然就是比萨专卖店。在意大利，厨师与比萨师傅是不同的职业，资格证也不是一类。所以在意大利，不会发生厨师烤比萨、比萨师傅煮意大利面的事情。叫“Pizzeria”的餐厅就表示店里有专业的比萨师傅。

日本并未像意大利这样严格区分，在“Ristorante”的菜单上可以看到比萨，在“Pizzeria”里也有意大利面。还有叫作“Ristorante/Osteria”等的餐厅，这简直让地道的意大利客人纳闷，可事实上这样错乱称呼的餐厅不在少数。

第 3 章

【实践】针对用餐投诉的最佳应对方法

·与酒店基本服务——“用餐”相关的服务要点是什么？本章将基于实际投诉来思考这一问题。

1 “什么？这里的工作人员甚至无法解说菜品！”

投诉场景：

来酒店很多次的美食达人叫来服务员：

“这道菜的酱汁很特别，非常好吃。这是什么酱呢？”

服务员一下子答不上来，悄悄请教了恰巧经过的老员工，才勉强回答了这个问题。

客人继续问：“这道菜是怎么做的呢？”

“不好意思，我现在立刻去问主厨……”

“这家店可真是的，光上菜，其他的一问三不知……”

客人一脸失望地放下餐巾纸走了出去。

在餐厅用餐，与“美味”邂逅。即便不是美食达人，在那一瞬间也能感受到食物的妙趣。

这时客人会自然而然地想知道：“这道菜是怎么做出来

的？”“这个酱叫什么？”如果服务员回复：“不好意思，我现在去问主厨……”难免让人扫兴。

“什么！你们都不能解说自己上的菜？”

餐厅工作人员应该知道的

基本的上菜礼仪	提供的菜品
托盘的拿法 上菜的时间点 餐具的用法 上菜、撤菜的礼仪 走路的礼仪、客人用餐期间等待的礼仪 尽量不发出声音的行为举止	酒类 葡萄酒 餐后甜酒 酿造酒 烈性酒 各类酱汁 各服务流程提供的菜品 日式、西式、中式菜品 自助餐提供的菜品

有客人为此大发脾气。实际上很多服务员都是兼职，完全不懂如何解说菜品。但是在酒店工作，穿上服务员的服装，却连解说菜品都不会，这显然不太合适。换言之，这暴露了酒店方面的培训不到位，即使被客人怀疑酒店的水平也无可辩驳。

“餐厅有××这道中餐吗？”

如果客人提出这样的问题，哪怕只是前台的工作人员，也不应该回答“请稍等，我帮您问一下”“我帮您问一下餐厅”。

酒店员工不必把每道菜的做法都背得滚瓜烂熟，但至少应该知道酒店餐厅提供哪些菜品，以及当季的招牌菜。关键是要做到“广而浅”的了解。

为实现这一点，需要在业余时间了解自身工作岗位之外的工作内容。对此很多人会说：“太忙了没时间。”但是，酒店员工的实际工作时间只有7小时左右，“没时间”这个借口明显站不住脚。其实只要有心去做，时间是相当充裕的。

如今我们所处的时代，终身雇佣制瓦解，能力主义、实力主义已经成为商业社会的主流。可以预见，不努力的人、不学习的人和不上进的人终将被淘汰。

任何领域的工作都追求专业性。作为酒店人的专业性应该是什么呢？在思考这个问题的过程中，就能逐渐找到自己应该做的事了。如果不去做这样的事，就等于放弃了自己的可能性。

应对

所有身着制服的酒店员工都应该“广而浅”地了解酒店的基础知识。

2 “今天有什么推荐吗？”

投诉场景：

初次来酒店的客人一边看菜单一边问服务员：

“今天有什么推荐吗？”

服务员热情地为客人介绍了店里的招牌菜，并帮客人下了单。

但是，主厨却叫来服务员，抱怨道：

“我说过今天这道菜已经卖完了，赶快取消订单！”

没办法，只好将这个情况告诉客人。

听罢，客人说着：“好不容易听了你的介绍，我还在期待呢……”同时一脸不快地再次拿起菜单。

前面已经讲过，负责上菜的服务员需要了解并向客人解释说明餐厅提供的菜品内容。

包括这些菜品是否使用了特殊的食材，在烹饪手法上是否有独到之处。主厨要将这些信息告诉服务员领班，领班再传达给每位服务员。因此，领班要能抓住要点，有技巧地传达信息，这一点尤为重要。对于一些使用了特殊食材或者特别烹饪手法的菜品，有时候由领班为客人介绍，有时候甚至会由主厨亲自为客人介绍。

另外，对于部分菜品，餐厅希望客人当天点餐。例如，有些菜品因为食材，在第二天新鲜度就会下降，吃起来口感也欠佳。餐厅会尽量让客人当天下单这类菜品。作为领班，对这些情况要做到心中有数，并好好交代给服务员。

当然，服务员在客人看菜单的时候问客人“来一份这个怎么样呢”，这种试图将饭店的期望强加于客人的态度是被禁止的。

但是，如果客人主动询问“今天有什么推荐吗”，则可以根据自己掌握的厨房实际情况，有针对性地为客人推荐菜品。

我在餐厅厨房当领班的时候，因为想确认冰箱内有哪些食材，会常常查看厨房的冰箱。我偶尔也会被主厨说“你不要多此一举”。

但是，在现在酒店行业整体不景气的大环境下，必须充分考虑性价比。领班需要熟知冰箱里的食材，更要时不时和主厨确认受欢迎的菜品食材是否还有。保持这样的工作热情非常必要。

经理、领班负责的业务

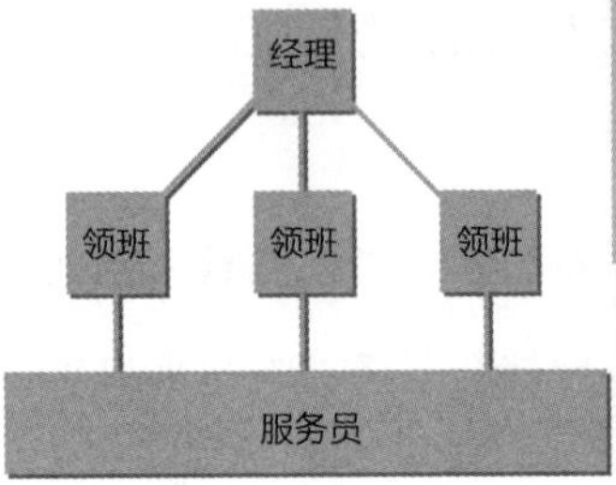

经理：

作为餐厅负责人，需要负责餐厅的运营、管理、服务及卫生等，同时还要负责提高营业额，以及从宏观上管理服务的品质等。

领班：

培训及管理服务员；与经理沟通；为下属提出教育、健康、职业等方面的建议；实际进行顾客服务。

此外，服务员之间准确传达需要“继承”的事项也很重要。因为有时候，会出现为某桌客人服务的服务员换班，要交接给下一位服务员的情况。例如有的客人会在点菜的时候提出“我想要英式芥末，不要法式芥末”等要求，如果客人的这些要求在服务员交接的时候没被好好“继承”，那么后面的服务员就不能很好地满足客人的期待。

“我刚才说了不要法式芥末，要英式的……”

如果出现这样的投诉，“继承”就失去了意义。

应对

重要的是确认受欢迎菜品食材的有无，以及保持与主厨的沟通。

3 “喝了矿泉水，有一股异味”

投诉场景：

酒店员工在大堂等待的时候，被客人叫住“请过来一下”，于是跟着客人去了酒店房间。

“请喝一下这个水。”

按照客人的要求，酒店员工喝了酒店准备的矿泉水，感觉到有一点异味。

“您好，请问这个水怎么样了呢？”

“怎么样怎么样！这不是你们放在迷你吧的矿泉水吗？你们就拿这种有异味的水给我喝吗？”

酒店的每个房间都有迷你吧，里面有各种威士忌、餐后甜酒、啤酒、矿泉水等，客人可在房间自由享用。不过酒店也会收到关于迷你吧酒水的投诉。

“我喝了矿泉水，有一股异味。”

现在矿泉水瓶盖上都标注了生产日期，一旦过期就会立刻被发现。这种情况下，居然让客人喝到劣质水，简直无法想象。

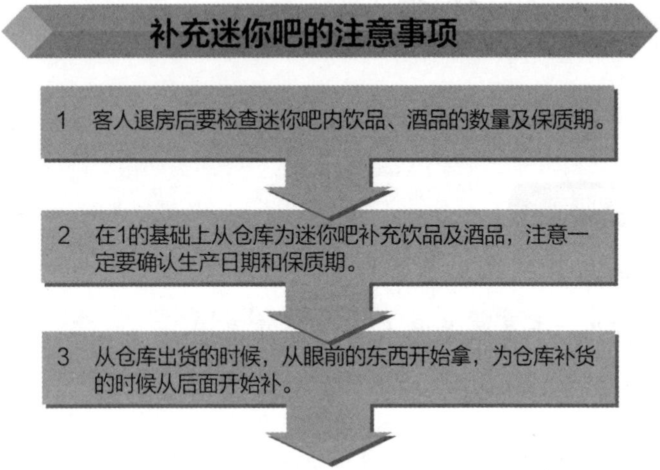

如果真有这样的事情发生，一定是客人把打开过但没有喝的水放回迷你吧，被其他客人喝到了。虽然概率微乎其微，但收拾房间的保洁员在检查迷你吧的时候偷懒，也并非完全不可能发生的事。

对提供食物和饮品的酒店来说，品质管理至关重要。这方面一旦有所疏漏，就可能让酒店失去信用。

过去，不管是食材还是饮品，酒店都会囤积大量库存。厨房也放着三四个大型冰箱，这些东西相当占空间。但现在，随着冷冻技术和物流网的发展，即便不囤积大量库存，也不会出现因为食物和饮品的短缺而给客人添麻烦的情况了。因此，酒店也在往尽量减少库存的方向努力。

当然，从“尽可能提供最新鲜的食物”这个角度来看，减少库存也相当有效。可以说，品质管理与库存调整紧密相关。

顺便说一句，食物生产厂商也在向这个方向转型。例如，朝日啤酒的销售员会认真地去零售店拜访，对在售的啤酒一一进行确认。如果生产日期超过一周，就会将其替换为新商品。这种模式下，零售店自然会产生“朝日啤酒很靠谱”的认知，这对朝日啤酒占据销量榜首起到了重要作用。

应对

认识到时刻核对库存的重要性，确保不要出现过剩库存。

4 “餐厅关门太早了！”

投诉场景：

酒店餐厅关门后大概 10 分钟，来了一位男性客人。

餐厅员工告诉客人餐厅已经关门，客人却说：“店里不是还有客人吗？为什么不能进！”

餐厅员工答道：“不好意思，餐厅 10 点关门，那位客人是 10 点之前来的……”

“只差 10 分钟，区别没那么大吧，一般餐厅都不会晚上 10 点就关门。”

或许是跟深夜党群体日益增加有关系，有些客人会很晚用餐。当然，酒店餐厅有规定的开门和关门时间，在营业时间以外不提供服务。

“餐厅关门太早了。”

这也是酒店时不时会收到的投诉之一。但是，餐厅几乎不会七八点关门，大多都营业到 10 点。这点常识客人应该知道。当然，如果在营业时间内，就算客人在关门前一分钟进店，餐厅也会为其提供服务。

也许有客人会这样想：“所以关门一分钟后来的客人，不是也应该同样对待吗？”

然而，如果不在关门时间彻底切断客源，就会出现以下这种麻烦的情况：

“晚一分钟可以，晚五分钟为什么不行呢？这样的话晚两分钟又行不行呢？”

为避免上述情况出现，唯一的解决办法就是：对于关门时间之后到店的客人，哪怕只晚了一分钟，也要郑重地谢绝：“不好意思，本店今天已经打烊了。”

只是，餐厅开门、关门时间是由酒店方面决定的，且并非一成不变。有时也会根据酒店的需要延长营业时间。

大仓酒店附近有一座“三得利音乐厅”，有时候音乐厅举办活动结束后已经超过晚上 10 点，这时很多听众还没用餐。

“音乐会太棒了！今晚在酒店大吃一顿再回去吧。”

可以想见，会有客人在欣赏完精彩的古典音乐或音乐剧后，怀着对艺术的崇敬，在音乐的余韵中来到餐厅用餐。为此酒店也要做好相应准备。这种情况下，酒店餐厅和咖啡厅的经理可以在权限范围内延长营业时间。

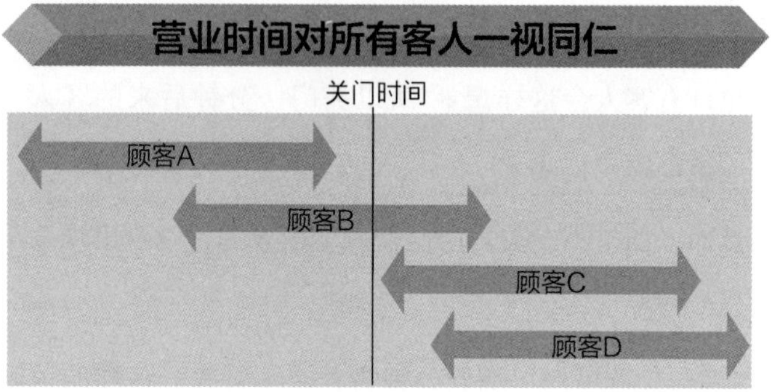

如果过了关门时间，就算顾客A、B还在店内用餐，
也要谢绝顾客C：“不好意思，本店今日已经打烊。”
若非如此，顾客D也会要求进店。

关于营业时间，还有这样的投诉：

“我还在用餐，餐厅就开始做第二天早餐的准备工作，给我的感觉很不好。”

确实，有时候时间很晚了，店内也只有一组客人，这时候餐厅会开始为第二天的早餐做准备。这种时候，不产生投诉的关键在于提前跟客人打招呼。

“非常不好意思，我们现在要开始准备明天的早餐，还请您见谅。”

如果像这样事先告知客人，应该没有客人会说“NO”吧。

应对

坚守营业时间是根本。谢绝客人的技巧和形势判断也很重要。

5 “上红酒前先倒水，这太奇怪了”

投诉场景：

一位外国男士来到餐厅。

看着菜单点完单后，服务员端着红酒来到餐桌旁，不料客人指着之前上的水，一脸诧异地说：

“我记得我没要水，这是送的吗？还有，我想喝红酒，先让我喝水是什么意思呢？”

服务员赶忙说明：

“如您所说水是免费的，我们这里给客人上水是惯例……”

但客人并不接受这种说法。

为客人提供菜品和酒的时间点上，会出现很多意料之外的难题。曾经就出现过在婚礼上因为上红酒的时间点而被客人责备的情况。

在日本，先为客人倒水是惯例。那场婚礼上，同样在上红酒前先倒了水，却因此收到了某位客人的投诉。

“上红酒前先倒水，这太奇怪了。”

确实，在欧洲等地，如果客人没有点水，则不会为其倒水，因为水也是要收费的。日本的情况则不同。那位客人的投诉有其合理之处，但在日本，这并不意味着服务人员不合礼节。

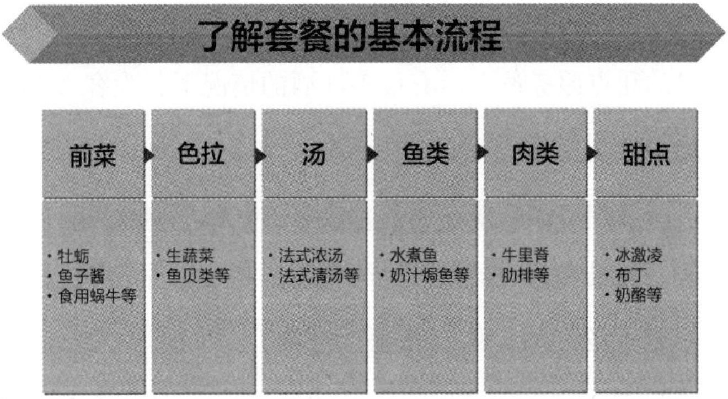

近来，用餐时喝红酒的客人越来越多。酒品服务是侍酒师（酒品服务方面的专家）的工作。一般来说，客人之间不会互相敬酒。

侍酒师要时刻关注各桌红酒瓶、酒杯的状态，算好客人需要添酒的时间点，及时为客人提供服务。

然而，有时候也会出现“红酒还没喝完就上甜点了”这种抱怨。餐后甜点当然要在正餐结束之后再上，在客人还没喝完红酒的时候就上甜点确实有些不妥。客人用餐完毕，酒品服务应该也完成了。只是有时也需要考虑如下情况：

侍酒师看到客人杯子里的红酒还剩一点了，想要上前为客人添酒，却被客人拒绝“暂时不用”。这时侍酒师当然会尊重客人的意见。如此一来，造成的结果也许是客人用餐完毕后，红酒瓶里还剩下很多酒。

因为侍酒师和负责上甜点的服务员并非同一个人，所以不明情况的甜点服务员在尚有很多红酒的情况下，为客人上甜点也不足为奇。

出现这种情况的原因在于，侍酒师和甜点服务员之间的配合失误。如果客人用餐完毕后红酒还有剩余，侍酒师应该询问客人“剩下的红酒，您打算怎么办呢?”，如果客人表示不再喝了，则应该进一步向客人确认“那现在为您上甜点怎么样呢?”。不管是将剩下的红酒放在那里置之不管，还是不加确认就为客人上甜点，都是服务上的疏漏。

应对

服务人员之间要加强合作，正确把握时机。

6 “我点的菜还没来，到底在搞什么！”

投诉场景：

周五晚上，餐厅座无虚席，工作人员也忙前忙后。

某位男性客人叫来服务员：

“我已经点菜很久了，怎么还没来？”

“实在不好意思，麻烦您再稍等一下。”

“喂，我已经等了快 20 分钟了。你们是很忙，但是我也没那么多时间。”

客人一脸不满地开始吸烟。

来餐厅用餐的客人也有各自的 TPO[①]。有些客人会一边悠闲地享受餐厅的氛围，一边愉快地享用美食，也有客人只是想在下一项工作之前抓紧时间填饱肚子。

如果是后者，上菜时间太长会让客人焦躁不安。

---

① 时间“Time”、地点“Place”、场合“Occasion”。

“还没好吗？不是现在才去钓鱼然后制作吧？”

这样讽刺的话也会脱口而出。为避免这样的情况发生，在客人下单的时候，对于那些相对而言需要等待更长时间的菜品，提前告知客人非常重要。

“这道菜大概要等 20 分钟，您看可以吗？”

这样一来，赶时间的客人就会选择其他菜品，也就避免了出现有关上菜时间的投诉。

上菜时间因菜品而异，不能一概而论。对于那些客人常点的菜，食材准备较为充分，烹饪手法也更加熟练，相对来说上菜时间较短。一些冷门菜品则比较花时间。尽管如此，对于“上菜太慢了”这类投诉，其实完全可以通过事先“告知”客人来有效地预防。

某家旅馆曾经发生过一件很有意思的事。不同于酒店，在旅馆的客人是不能点菜的，只能由旅馆决定要为客人提供的菜品。一般来说，旅馆服务员会在为客人上完菜后，礼貌性地说一句“请您慢慢享用”后随即退下。但有一组客人却把这句话当真了。开始用餐后不久，不知谁说“虽然饭还没吃完，但我们去泡澡吧，泡完后再来吃饭，也别有一番乐趣。而且服务员也说让我们慢慢享用……”，于是大家便起身前往澡堂。之后发生的事不难想象，等到客人泡完澡回来用餐，餐桌早就

针对抱怨“等太久了”的客人的应对方法

第一次催促 “还没好吗？”

↓

应对 “请您再稍等一下。”

第二次催促 “还没好？我赶时间。”

↓

应对 “请问您赶几点呢？
可以麻烦您再等五分钟吗？”

对于客人第二次、第三次的催促，要怀着抱歉的心情，除了加强对客人的关注，上菜的时候也要有诚意地向客人道歉。

被收拾得干干净净了。

经验丰富的服务员也想不到客人会在用餐中途去泡澡，但在看不到客人的情况下不要急着撤盘也是常识。不向客人确认“请问需要现在收拾吗”，就可能造成很大的麻烦。不管是旅馆还是酒店，都要警惕服务人员擅作主张。

应对

要提前告知客人部分菜品等待时间较长。服务人员不得擅作主张。

7 “套餐的菜式不均衡啊，太不专业了，真是……”

投诉场景：

一行几位客人中的年长者说“把主厨叫过来”。主厨到了之后，询问客人：“请问您有什么需要我帮忙的呢……”

“这个套餐是怎么回事，菜式相当不均衡啊。”

“请问你不满意的点在哪里呢？”

“看起来确实使用了高级食材，但全是这些东西也会腻的呀。”

“可是……”

无论是法国大餐，还是日本的怀石料理，提供的菜品都反映了主厨的感性。如果这种感性与客人的感性一致，客人便会赞不绝口：“不愧是一流餐厅，菜式的和谐感和均衡性都相当出色。”但如果客人和主厨的感性不一致，则会提出这样的批评：

“在这些前菜后上这种汤，如此一来，菜式的均衡完全被破坏了。太不专业了，真是……”

制作美食的人本身已经非常辛苦，结果还要面对来自客人的毁誉褒贬。

对套餐而言，和谐感和均衡性非常重要。一套完整的套餐好比一首诗。每一段都能引起读者对下一段的期待，要让读者带着这样的期待感往下读……若非如此，诗歌则不能带给人感动。

能带给人感动的用餐体验

要让客人充分享用美味，需要满足客人包括味觉在内的全部五感。

1 味觉

能够品尝出菜品是否好吃。关键是热菜趁热上，凉菜凉着上。

2 视觉

保持整洁，铺上干净的桌布等。服务员的仪容仪表也会影响客人的视觉体验。

3 嗅觉

为了不破坏食物和酒水本身的香味，工作人员不应使用香味浓郁的化妆品和护发产品。另外，还需要注意上菜的时间，以免食物的香味流失。

4 听觉

为客人播放用餐时的背景音乐、钢琴曲等。严禁各种杂音及工作人员之间的闲聊，让客人得以沉浸于面前的烤牛排吱吱作响带来的愉悦感受。

5 触觉

面包的手感、盛放热菜的盘子、盛装冷饮的鸡尾酒杯的触感、椅子的舒适度等。

从前菜到汤，接着是沙拉，再到鱼类、肉类，最后是甜点，套餐如果不具备像诗歌一样整体的和谐感，则无法带给客人满足与感动。

虽然这在很大程度上取决于主厨的感性，但态度上是否是认真对待的也很重要。

例如松露，它是菌类的一种。松露与鱼子酱、鹅肝并称世界三大珍馐。或许是为了显得高级，套餐中也时常出现松露。

前菜撒上切成小块儿的松露，鱼类中加上切成片的松露，甚至肉类中也要加松露……

不可否认松露确实是不常吃到的珍贵食材，但这样毫不讲究地乱放一通，并不值得感激。

宝石般的语言只有在诗中，在其应该存在的独一无二的位置上，才能熠熠生辉。如果出现得过于频繁，再珍贵的宝石也会失去它的光彩。

当然，有的套餐就叫“××套餐”（××为某种食材的名称），这种情况下客人一开始就知道，而且就是为了让客人充分享用这种食材而制作的套餐，所以没有任何问题。

然而，除去这种特殊情况，对于一般讲究均衡、和谐的套餐料理而言，如果主厨在制作菜品时，没有注入诗情则很难被接受。如果我遇上了胡乱搭配的套餐，一定会投诉。

应对

套餐料理要讲究“流畅和谐”，要带着诗情思考其搭配。

8 “这酒有股奇怪的味道……”

投诉场景：

一场宴会后的晚上，参加宴会的人打来紧急电话：

“我喝了酒店提供的酒后感觉很不舒服，请马上过来。”

“具体是什么情况呢？有什么让您感到不对劲儿的地方吗？”

“我点了酒，喝了一口觉得怪怪的。问服务员后，他说这是陈酒才有的味道，我就放心地继续喝了……”

“非常抱歉。请您稍等，我们立刻过来查明情况……”

前些日子，我听说了这样的事情：在某酒店举办的结婚典礼上，客人点了陈酒，喝的时候觉得有股奇怪的味道，问服务员之后对方说：“因为是陈酒，所以有这种味道。”于是客人喝了第二杯，突然就很想吐，最后事态发展到好几位客人都出现了同样的症状。

调查后发现，事件发生的原因是陈酒中混入了酒精，这算不上特别重大的过错，但酒店出现这类失误，实属不该。

我也听说其他酒店出现过类似的失误，如在沙拉酱中混入清洗液。为什么会出现这样的失误呢？

出错的原因在于沙拉酱的存放方法。当时，酒店把沙拉酱装在威士忌或者日本酒的瓶子里，这些瓶子偶尔也会用来装清洗液，所以员工会不小心拿错。必须承认出现这类事件是酒店管理上的重大失误。

还好客人及时发现不对劲儿，立刻吐了出来，才得以平安无事。但酒店方面不是道歉就可以解决问题，而要立刻送客人去医院洗胃。然而这样并不代表此事到此为止。

对于失误的应对原则是要有完善的保障。针对上述事例，酒店采取的应对措施是为那位客人一生的健康保驾护航。

具体手段如定期送客人去体检，若体检结果表明，失误事件可能对客人身体造成了损害，酒店要立刻送客人接受治疗，其间一切费用由酒店承担。

这件事已经过去了 20 年，如今酒店方面对这位客人负责任的态度依旧没有改变。

无论多么彻底地实施品质管理，无论对员工进行多么严格

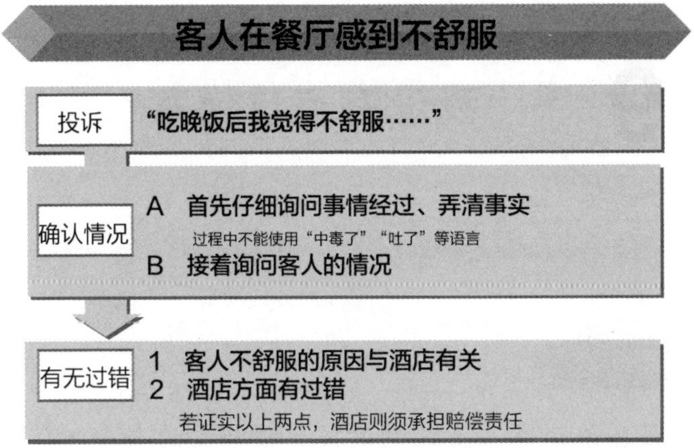

的培训，都不可能做到零失误。

人非圣贤，孰能无过。人都有很多未知的领域以及尚待开发的潜能。作为肉体凡胎的人，要做的不是完全不犯错，而是从过错中学习，从中总结经验教训，尽自己最大的努力减少过错。

依靠人力提供服务的酒店业的难点就在这里。同时其价值也在于此。

应对

原则上，过错方要为客人提供完全的保障。

9 “我没有点这道菜”

投诉场景：

服务员为客人上菜的时候，被邻桌的女士叫住：

“这不是我点的菜吧？法国普罗旺斯风香煎牛肉土豆是我点的，法国勃艮第香煎牛肉土豆才是他们的。”

确认过后，确实如客人所说。服务员赶忙跟这位女士道歉，并告诉邻桌的客人：

“不好意思上错了菜，我马上为您换上您点的菜。”

“啊？不过也没事，这个也很好吃，就这样吧……”

餐厅生意太好忙不过来的时候，难免出现上错菜的情况。

“久等了，这是您点的××”，服务员一边说着一边放下盘子。不料客人却说：“我没有点这个。”面对这种情况的铁律是立刻确认订单，第一时间为客人换菜。

但是有的客人并不清楚自己点的是什么样的菜。例如，菜单上有法国普罗旺斯风香煎牛肉土豆和法国勃艮第香煎牛肉土豆这两道菜，了解二者区别的只有少数美食达人，以及吃过这两道菜的客人。第一次点这两道菜的客人弄不清它们的区别也情有可原。

这种情况下，点法国普罗旺斯风香煎牛肉土豆的客人也许会在不知情的情况下，对服务员误上的法国勃艮第香煎牛肉土豆动筷。服务员发现后，必须立刻告知客人："非常抱歉，我上错了菜，我立刻为您更换。"

即使这时候客人体谅地说："没关系，这个也挺好吃的……"服务员也不能就此放任不管。精准提供客人下单的东西是服务的基本功，做不到这一点会导致服务质量下降。

此外，还经常出现关于烤肉几分熟的投诉。

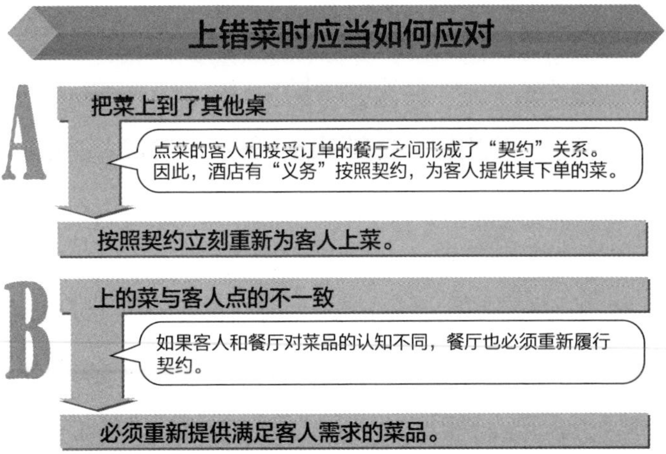

“我点的是三分熟，上来的却是五分熟，这是怎么回事儿啊？”

如果上的烤肉熟度与客人点的不相符，理应为客人更换。就算客人吃到一半才意识到这个问题，也应该立刻为其更换。

原本三分熟和五分熟的烤肉之间，差别并不那么明显，很少有客人在吃一口之后就能立刻察觉。有时候按照客人的要求，为其上了三分熟的烤肉，客人却说：“我记得我点的是三分熟吧，这一定是五分熟。”像这样即便是客人搞错了，只要客人指出了问题，酒店也要重新为客人上一份。

常言道，政治家要具备清浊并吞的特质。服务业也是如此，即使是被认为不合理的事情，也要有能够一口气咽下去的度量。

应对

任何情况下，按照客人的点单准确上菜是第一原则。一旦出错，立刻重做，并及时向客人道歉。

10 “这道菜要是再辣一点儿就好了”

投诉场景：

客人点了咖喱，吃了一口之后质问服务员：

“我点菜的时候说过要辣一点儿吧，为什么还是和平时的味道一样？”

“不好意思。是这样的，我们店的咖喱就是这个味道。为了不破坏咖喱的风味，辣的程度有限，很难做到您说的那个辣度。”

“别扯风味，咖喱不辣就不好吃！不需要把你们的观念强加于我……”

味觉因人而异。就拿咖喱的味道来说，个人喜好千差万别。有人认为“特别辣的才好吃”，有人认为“一般辣就可以了”，也有人认为“甜中带辣的感觉最好”。

另外，每家餐厅都有自己独特的味道，而且作为餐厅印象的重要组成部分，这个味道必须始终如一。如果因为每天的食材质量和调味的差异而无法做到味道统一，餐厅生意势必受到影响。

酒店餐厅会严格确认菜品的味道。菜品完成之后，主厨会确认调味，稍有差错便会重做。当然，在前期食材的挑选上也非常严格。

但是，正如世上没有两个一样的苹果，同种食材之间也难免存在差异。例如，在婚宴等场合为客人提供的虾，个头儿也略有不同。如果客人抱怨“我们这桌的虾比隔壁桌短了两三毫米”，也只能请求客人原谅。无论多严格地检查食材，也不可能买到一二百只大小完全一样的虾。肉和其他食材同样如此，在可能的范围内，尽量做到统一就很好了。

只是，在菜品味道上应该最大限度地满足客人需求。如果客人明确提出自己的喜好，就必须按照客人的要求去做。

如前所述，味道中包含人的感性。既然客人提出要求，餐厅也不必太过执着“本店的味道”。

“再辣一点儿就好了……”

“多放点儿香辣调味料……”

餐厅必须满足客人的需求，忽视客人需求或者敷衍对待，是服务业的大忌。

对于光顾餐厅很多次的客人，要将其偏好告诉厨房。即使

为客人提供菜品时，双方“平等”的边界何在？

- 关于分量的多少，因为食材大小存在差异，无法做到完全相同，只能在可能的范围内尽量保持一致
- 关于味道，要在做菜前先询问客人的喜好
- 如果是眼熟的常客，服务员则需要跟餐厅确认客人偏好的口味
- 服务员除了上菜，还需要随时确认菜品的分量及色、香、味等

客人不主动提出，厨房在做菜的时候，也要充分照顾到这位客人的口味。

坦率地告诉餐厅自己的喜好，这是客人用餐时需要做到的。同时，客人的这种坦诚对餐厅而言也是值得感激的事。

应对

不管客人有怎样的偏好，都应该在合理范围内尽量满足。

11 “虽然很好吃，但全部吃光的话会摄入过多盐分”

投诉场景：

某位客人在餐厅享用晚餐。因为客人吃完后，还剩了一半多的菜，所以工作人员上前询问：

“您好，请问这个菜不合您的口味吗？有什么我们需要改进的地方吗？”

“那倒不是。只是全部吃光的话，似乎不利于健康。”

“这样啊。请您放心，我们的食材都是经过精心挑选，并妥善处理的。”

“不是这个问题。只是我觉得吃完这些菜会摄入过多盐分。”

“……”

作为一流餐厅的员工，最理想的状态是对自己的工作拥有自豪感。只有拥有工作自豪感，才会有强烈的为客人提供最优质服务的意愿，并且不满足于现状，不断向更高的目标发起挑战。

然而，这种自豪感有时也会适得其反。其中的典型例子是，某些场合下会冒出一种奇怪的想法，那就是：认为被客人提出要求或意见是一种羞耻。

最优质的服务是充分满足客人需求

●客人的需求
“这道菜味道太淡了，加重一点吧。”

✕ 我们餐厅的味道最棒，客人应该品尝菜品原本的味道。

○ 不是为了做菜而做菜，而是为了让客人充分享用美食而做菜，因此应该按照客人的需求调整菜品的味道。

当然，有时候会因为用语和态度，被客人抱怨甚至投诉。若是这种情况，工作人员必须以此为耻。但如果客人的意见能带来更优质的服务，不妨用开放的心态接受，并及时改进。

例如，部分高龄客人会控制盐分的摄入。如果为这类客人提供的菜品依然按照平时的调味，可能会让客人觉得“虽然很好吃，但全部吃光的话会摄入过多盐分。很遗憾，我只能浪费食物了……”

但其实这种情况完全可以避免。只要在点餐时事先询问客人：“这道菜的味道稍微有点重，需要为您做调整吗？”这样就可以了。如果能够按照客人的口味稍作调整，也不至于一半以上的菜都被剩下了。“我们餐厅的味道最棒，不管有几位客人，都不想为其做调整”，如果抱着这样的高姿态，细致周到的服务则无从谈起。

分量和烹饪手法同样如此。酒店餐厅本不提供极小分量的菜品，但对部分女性客人和小朋友而言，餐厅菜品的分量“too much”。这种时候可以事先询问顾客：“我们的烤肉通常是 200 克，不过您也可以选择 100 克或者 150 克，请问您需要多少呢？”这样做或许更好。

此外，用来搭配肉类的土豆也有多种烹饪方法。烤土豆、炸土豆、土豆泥……对此也需要询问客人：“这道菜我们一般是用烤土豆来搭配肉类的，但您也可以选择炸土豆或土豆泥，请问您要什么呢？”按照客人的需求选择烹饪方法，只有这样，才称得上是真正用心的服务。

应对

以餐厅菜品为荣固然重要，但更应该以了解并满足顾客需求为荣。

12 "总觉得最近味道变差了……"

投诉场景：

某日，一直以来对餐厅青睐有加的一位客人板着脸叫来主厨：

"我很爱吃这道菜，但最近总觉得味道变了，是不是换了调味料？"

"不是的，调味料和食材都和以前一样。不过上周开始主厨换了，也许是这个原因导致味道有些许改变。"

"喂喂，这都不是借口。不管怎样，保证和以前一样的味道都做不到吗？我很喜欢以前的味道，这太可惜了。"

酒店餐厅提供的菜品，无论是食材、调味料还是厨师的水平，都不输其他餐厅。即便如此，依然会被客人指出问题。

"最近总觉得味道变差了，感觉以前更好吃，是有什么改变吗？”

对于同一道菜，餐厅绝对不可能降低食材的质量。只是换了主厨之后，味道难免出现些变化。

前面说过，套餐就好像一首诗。烹饪套餐的主厨则是一位艺术家。

艺术家最重要的素养是什么呢？是个性。所以理所当然的，每位主厨的个性和品位都体现在烹饪中。主厨换了之后，对于习惯之前主厨菜品味道的客人而言，无法一下适应个性不同的新任主厨的调味，由此产生了“味道变差”的感觉，这种情况并不少见。一般来说，在换主厨后的一两个月内，都会出现这样的质疑声。

这种情况下，酒店员工有必要提前告知客人：

“从这个月开始，我们换了主厨，但烹饪手法还和之前一样。您有任何意见，请随时告诉我们。”

如果能够像这样告诉客人换了主厨，客人感受到任何差别都可以及时提出，就能减少给客人带来的困扰，也能在很大程度上避免“味道变差了”之类的抱怨。

一般来说，客人发觉味道变化后会询问原因，如果餐厅员工没有事先告知客人换了主厨，也会在这时告诉客人。但有客人不愿意追究原因，只是在心里默默地想：

餐厅菜品味道发生改变的主要原因

原因 1	更换主厨
原因 2	更换调味料
原因 3	更换食材
原因 4	更换厨具

如有上述原因，需要提前告知客人。要明白提供信息也是服务的一环。

“我喜欢之前的味道，既然味道变了，那我还是去别家餐厅吧。”

最终客人抱着这样的想法离开了餐厅。就这样，餐厅失去了一位重要的客人。

为避免这样的事情发生，向客人说明情况相当有必要。

“如果您喜欢前主厨的味道，我们可以为您调整……”

想必这个建议会被客人接受吧。

无论如何，服务人员应该意识到提供信息也是服务的重要一环。

应对

如果有更换主厨等可能让菜品味道发生改变的因素，一定要及时告知客人。

13 “用餐过程中，服务员的手在我眼前晃了好多次，真是失礼……”

投诉场景：

7点左右的餐厅座无虚席。

某位客人用餐完要离开时，向收银台的工作人员抱怨：

“服务员摆放刀叉的时候，手一直在我眼前晃，这让我很不舒服。”

“非常抱歉。店内过分拥挤，给您添麻烦了。”

“如果是这样，你先说一句，我可以再多等一会儿的。”

提供服务的一方与接受服务的一方立场明显不同。明确这一点的同时，也要意识到，最优质的服务要在双方的相互协作下实现。

有时候来餐厅用餐的客人会抱怨：

“用餐过程中，服务员的手在我眼前晃了好多次，一点儿基本的礼貌都没有。”

确实，如果在客人使用刀叉的时候，服务员的手多次从眼前掠过，那就很碍眼了。

想在高雅的氛围中悠闲地享用美食，对于抱着这样的想法来餐厅用餐的客人而言，这无疑影响了他们的用餐体验。可以说，这是服务员的工作不足。

然而，有时客人坐在靠墙的位子，为客人上菜不那么方便。这时服务员更容易出错，工作失误最终演变为投诉的事例也不在少数。事实上，这种情况下只要请客人稍微“配合”一下，服务员就能顺利上菜了。

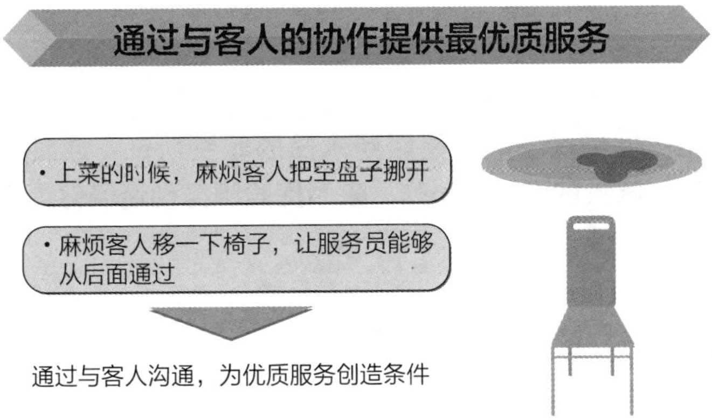

“我是接受服务的人，不管面对什么状况，为我提供服务是你们的工作。”

也许有客人会这样反驳，但服务也是与人沟通、交往的一环，服务过程中的协作相当必要。

例如，客人在餐桌上打开一份资料，这时候服务员就不能随意把餐盘和咖啡杯放在旁边。而是要先询问客人："不好意思，可以麻烦您暂时收一下这个资料吗？"

有时候客人想过一会儿再收资料，会对服务员说："再等一下吧，我过三分钟再收……"然而在服务员看来，三分钟过后菜就冷了，这样客人便无法在最佳时间品尝美食。

其实只要客人在点菜的时候告诉服务员："我整理资料需要 15 分钟，差不多那个时候再为我上菜吧"，一切问题就都解决了。服务人员要认识到，有时候在客人的协助下，才能为其提供最优质的服务。

应对

提供优质服务是服务人员的职责所在，通过与客人的沟通、协作，来为优质服务创造条件也很重要。

第 4 章

【实践】有关员工的投诉——如此应对最佳

·可以说最终决定酒店服务质量的是人。

·一起来看有关员工的投诉，同时了解酒店需要什么样的人才。

1 “酒店内有员工无所事事地溜达，难道不是偷懒吗？”

投诉场景：

工作人员正在开会，某位客人有需求，于是工作人员立刻结束会议，奔向客人所在方向。

虽然员工已经是第一时间响应，并没有让客人等待，但那位客人却说自己已举手示意了好几次。最后员工致歉并处理了客人的点单，客人仍旧抱怨道：

“工作人员都没有点儿紧迫感。”

虽然我不知道日本到底有多少个主题公园，但东京迪士尼乐园绝对是当之无愧的主题公园之王。

迪士尼乐园高人气的秘诀，在于它在规模和娱乐设施的丰富度上碾压其他地方，同时对员工服务意识的教育也做得相当到位。

在迪士尼乐园，一切都秉持着服务游客的理念，工作人员的行动就是这一理念的典型象征。想必去过迪士尼乐园的人都会注意到，在迪士尼，除了工作岗位，在其他地方都看不到工作人员无所事事走动的身影。

服务场所的行为举止

良好的态度与姿态	1. 基本站姿 2. 鞠躬姿势 3. 步行姿态
基本动作	1. 举止得体 2. 指尖尽量并拢 3. 指物或带路时用手掌 4. 递送或接收物品原则上用双手 5. 拿东西时，物品位置原则上在腰的上方 6. 正对说话对象
应用动作	1. 为客人带路时配合客人步调，并且让客人走中间，工作人员走在客人左前方 2. 遇到楼梯、拐角、扶梯等时，暂停脚步稍事等待 3. 接收名片时，平伸出双手，用拇指拿住名片两端

在其他游乐场所，休息时间还是很容易看到工作人员在园内走动，因为工作人员去员工休息区时，会经过园区内部，迪士尼却不同。

到了休息时间，迪士尼的工作人员不会经过地面，而是全员从地下通行，前往员工休息区。因此，客人完全不会接触到休息中的员工。

并且，在员工从地下通道去往地上的楼梯处写着这样一句话：

“Let’s start on stage.”（让我们登上舞台吧。）

也就是说，从这里开始就是舞台，走上地面就是工作人员要登上的舞台，它是为了让客人能尽情尽兴、度过愉快时光而竭尽全力打造的优质服务的舞台。毫无疑问，这一理念是实现高品质服务的基础。

不光是迪士尼乐园，服务业都是如此。职场就是员工的舞台，这样一想，员工就自然而然知道自己应该做什么了。

演员为了在舞台上呈现最棒的表演，会花几个月不断练习。舞台就是一决高下的地方，如果有人在表演上偷懒，那么观众马上就会还之以嘘声。

服务业者也是如此，职场上的偷懒会直接导致客人投诉。但实际上，不乏在与客人的接触中渐渐丧失认真的态度，或是流于惯性而失去紧张感的例子。就我的实际感受来讲，很多员工都懈怠于走上工作岗位前的准备工作。因此，迈向工作岗位之前，有必要好好体会一下这句话：“Let’s start on stage.”

应对

员工应该贯彻“Let’s start on stage”的精神，始终带着提供优质服务的意识投入工作。

2 "跟欧美酒店相比，服务差远了"

投诉场景：

一位外国客人下榻酒店时，因为那天住客众多，门童没有帮客人搬行李。见此场景，客人怒道：

"搞什么啊？这家酒店竟然让我自己搬行李，简直太不懂规矩了。"

不忙的时候，门童当然必须帮助客人搬行李；但是忙的时候，就算拿出欧美酒店的服务案例来做参照也……

以前在纽约的时候，我去过一家名为"布克兄弟"的名牌店，我是抱着买西装的目的去的，但西装区却不见导购员。于是我跟旁边区域的导购员说：

"我想试一下这件西装"，结果被告知"那个区域归乔治管，我无权过问"。

我又问："那请问乔治在哪里呢？"店员告诉我乔治吃饭去

了。这在日本是完全无法想象的，但要知道，这就是“欧美式”的待客方式，无奈之下，我只得暂缓购买西装。

几年后，我又去了布克兄弟。

我想着“今天乔治应该在了吧”，结果时机不巧，又赶上了午餐时间，不过这一次这家店的服务完全变了样。旁边区域的导购员说：

“不好意思，乔治不在，在他回来之前由我来为您服务，他很快就会回来，麻烦您稍等片刻。”然后这位导购员在乔治回来之前一直跟在我左右。不一会儿乔治回来了，他第一时间向我表示了歉意：“非常抱歉，让您久等了！为表歉意，给您一个特别折扣”，于是我在付账时享受到了特别折扣。

在日本，商店店员会将客人购买的物品拿到收银台付款，然后包装好商品，再送到客人手里。这是日本商店店员的基本礼仪，欧美则完全不同。

在欧美，收银和递送商品的工作人员是完全分开的，客人自己在收银台付款，然后对包装商品的工作人员出示收银小票后，才能拿到自己购买的商品。

与日本相比，欧美式的做法反倒更麻烦。但那个时候乔治打破了传统规矩，自己在收银台和商店之间跑上跑下，为我提供了日本式的服务。

此外，他还问我是开车来的，还是坐电车或者走路来的，当听说我是开车来的，他非常郑重地将我购买的商品送到车上。当时他的服务给我的印象就是："哎呀，连布克兄弟都发生变化了啊！"

熟知国际礼仪

1）条约（国际礼仪）——一般礼仪、高规格礼仪
- 座次
  背靠壁炉的位子为上位，靠近进出口的位子为下位。最上位的位子坐女主人，其对面为男主人。

2）国旗
- 以来宾国为上位，面向墙壁左侧为来宾国的国旗，右侧为日本国旗。

3）习惯
- 伊斯兰教……不吃猪肉，不饮酒。左手为不洁之手，饮食不用左手。
- 印度教……不吃牛肉，不和不同种姓阶层的人一同用餐。
- 犹太教……不吃猪肉、虾蟹类食物。

尽管每个国家或地区都有其固定的服务方式和风格，但不必拘泥于固定的模式，而应根据面对的具体对象提供弹性的服务。这是避免客诉的关键，而这一点恰恰是乔治的服务教会我的。

应对

尽管每个国家或地区有其固有的服务模式，但不应拘泥于此，而是应该为客人提供周到且具有特色的服务。

3 “打车到了酒店门口，却没人帮忙搬行李”

投诉场景：

一个下雨天，酒店前同时来了好几辆出租车。

因为正好是白天客人较少的时间段，所以就只安排了两名门童。

虽然门童迅速开门迎接下车的客人，但由于人手不足，还是让客人在门口等了片刻。于是那位等待的客人对门童说：

“我知道这会儿人多，但打声招呼总可以做到吧？真是让人不爽，我要去别家酒店的餐厅。”

一般来说，客人到酒店最先接触到的人就是门童，可以说门童的接待水平直接决定了客人对酒店的第一印象。

客人在进入酒店前听到一声“欢迎光临”，心情大多会明朗起来。

反之，如果只是应付式地默默行个礼，这种不走心的接待，客人肯定会想：“怎么回事啊这家酒店？”甚至可能取消在酒店吃午餐的计划而换到别的地方用餐。

给客人留下良好第一印象的方法

视觉上

1.表情
2.仪表
3.姿态
4.鞠躬
5.动作

听觉上

1.问候
2.回应
3.温柔清晰的声音

门童是酒店的“脸面”，与门童有关的投诉大多是“我打车到酒店门口，门童却不马上过来帮忙搬行李”这一类。大仓酒店在对门童的培训上可谓面面俱到，按理说不应该存在“不走心”的接待。尽管如此，还是不能断言大仓的门童完全不会给客人带来类似困扰。

酒店前频繁有车辆前来，有时一次来四五辆车也不足为奇，如果那时只安排了 3 名门童，则没有多余的人力接待另外两辆车的客人。

但酒店并非没有建立相应的机制来应对这样的局面，每名门童都配备了可用于内部联络的无线通信设备。

需要帮助时，门童只要摁下按钮，酒店服务台的铃就会响起，服务生就可以火速赶来支援，因此我认为不会出现让客人长时间等待的情况。但如果客人的感觉是服务太慢，那可能是因为门童没有及时向客人解释说明。

这种情况下，门童应该首先向客人表示歉意：

“非常抱歉！我们的工作人员马上就到，请您稍等片刻。”

同时摁下请求帮助的按钮，呼叫其他同事前来支援。这个时候务必对客人说明：

“我按下这个按钮后，马上就会有服务生过来，请您不用担心……”有没有多说这一句话，将成为是否会引起投诉的关键。

如果门童认为反正“只要按下按钮，服务生就会立刻赶来了”，而不向客人说明，这就是按照自己的想法办事，属于应对失误。因为客人的感觉是很主观的，可能服务生过来总共花了不到10秒钟时间，但客人就是感觉应对不及时。怠慢是服务人员必须留心的陷阱。

应对

请求其他部门的支援。如果不得不让客人等待，不管多长时间都务必向其说明情况。

4 “我的体验感很差，你们的员工培训完全不到位！”

投诉场景：

某对新人在酒店举办婚宴。

本来仪式挺顺利的，但新郎的叔叔发言超出了预计时间。因为后面还有其他安排，所以在其讲话过程中，酒店工作人员就开始撤盘。

此举让主宾方十分恼怒，“嘉宾都还在讲话，你们就咔咔撤盘，这算怎么回事啊?!”

“非常抱歉!”

“你们怎么培训员工的啊!”

有关酒店员工的投诉中，有时会出现“我的体验感很差，酒店员工培训完全不到位”之类的话。我想一定没有酒店员工会故意带给客人不好的体验，之所以出现此类投诉，原因在于客人的期待与员工的服务之间有落差。当客人抱着“这可是赫赫有名的大仓酒店啊，服务一定也是一流的”这样的期待而来时，如果我们所提供的只是一般的服务，肯定无法令客人满意。因此，有必要在平时就有意识地培养聆听客人心声的能力。

尤其是众多宾客齐聚一堂的婚宴等场合，只要稍微服务不周，就会招致投诉。

例如，如果来宾发言时间很长，可能会在其发言过程中撤盘。假设有200位宾客，一定只有少数人认真听完嘉宾的超时发言，才开始动筷，大部分人已经把当前的菜吃完，等着下一道菜了。

工作人员见状便开始撤盘，但这时可能会出现如下投诉：“发出杂音妨碍了重要来宾的讲话”“你们对我们的重要来宾做出了多么失礼的行为啊”。

然而这类投诉是可以通过事前沟通解决的。如果到了不得不开始撤盘的时间点，那么就给正在讲话的来宾递上便条：

“十分抱歉！请原谅我们准备开始撤盘。”

同时向宴会主人递上便条解释：“为按计划推进流程，请允许我们开始撤盘。”宴会主人会担心对来宾失礼，所以酒店方面要配合做好工作，否则很容易引起纠纷。

当然酒店方面还是要注意，尽量不要发出杂音。当发言结束，各位来宾觥筹交错、畅所欲言时，不妨把背景音乐的音量

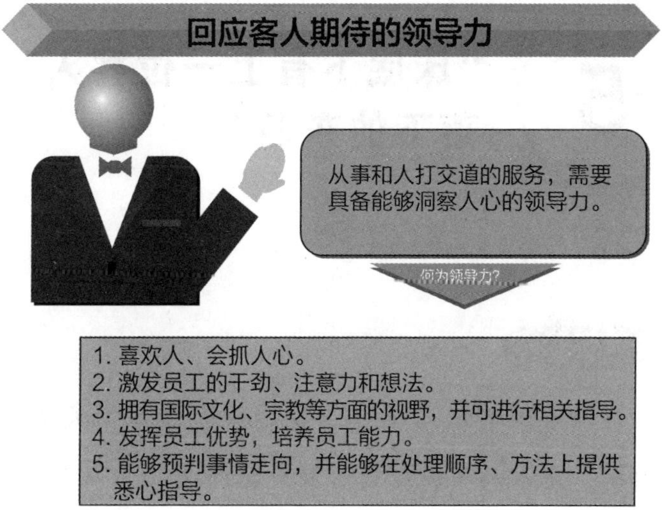

稍微调大，以遮盖工作人员服务时产生的杂音。

即便如此，还是会有服务员出现掉落刀叉等工作失误，这就是平时领班的领导力问题了。

服务切忌临阵磨枪，牢记这一点，并倾力于日常的指导，才能凸显领导者的才干。

应对 **服务不可临阵磨枪，要通过日常指导让员工细心工作，减少失误。**

5 “床底下有上一位客人落下的东西”

投诉场景：

不知道是不是上一位住客的物品，床侧夹塞着一条内裤。客人马上就给前台打电话叫来工作人员。

工作人员两三分钟内就赶来了，客人提出诉求：“太恶心了，我想换一间房！”工作人员却表示：“我个人没有这个权限”，然后用内线打电话向经理请示。

等待指示期间，内裤就摆在那里，真让人不舒服。

酒店客房的遗留物品可谓五花八门，迎接新住客前，彻底处理好前一位客人的遗留物品是酒店人的基本常识。

“床底下有上一位客人落下的东西。”

出现这类投诉是酒店人的失职。我年轻时，熟客中有一位每次入住必落东西的客人，而他落下的东西通常是色情杂志或写真。在当年，这些还是稀罕物，对酒店年轻员工来说是非常具有吸引力的东西。因此，每当这位客人退房时，年轻员工立即交换眼神，收到信号的另一位员工就飞奔去找那位客人的遗留物品。

酒店遗留物品的处理方式

遗留物品的处理方式是反映服务好坏的晴雨表

- 客人离开时，酒店要查房。如果有遗留物品，在客人离开前，第一时间叫住客人并返还物品。
- 如果在客人离开后发现遗留物品，则要登记进“遗留物品台账”等，并转交给负责管理遗留物品的工作人员，交接时一定要请管理人签字。
- 如果是钱包、护照等贵重物品，发现后立即送到前台。

这是很久以前的事情了，我之所以讲出来是想说明不管是什么物品，一定要在下一位客人入住前，彻底检查并及时处理，否则很容易引起客诉。

入住酒店的客人有不同的情况、不同的目的，年龄、性别、喜好更是千差万别，因此很难想象他们会遗留什么样的物品。

实际上，在大仓曾经有客人投诉过床底下有穿过的女性内裤，也有客人投诉在意想不到的地方塞着脏东西。如果酒店不注意这些细节，就这样迎接下一位客人的话，那么酒店排名必定会断崖式下跌。

为避免出现这样的结果，对房间的检查万万不可敷衍了事。抛开“这样的地方怎么可能有脏东西呢?”等固有印象，要抱着一切皆有可能的态度，仔细检查每个位置，不放过任何一个死角。

另外，还要有这样的观念：不管发现什么东西，立刻自行处理。做不到这一点，就不是一名合格的酒店人。如果因为发现了意料之外的物品而犹豫不决：

“这种东西要怎么处理呢?”

如果每个人都像这样去请示，势必影响酒店各项业务工作的进展。但是，并非所有遗留物品都是客人丢弃的无用之物，因此还需要一定的判断力。

应对	**摒弃固有观念，尽可能仔细检查。另外，要培养对于是否能够自行处理某样遗留物品的判断力。**

6 “我不能接受这次的房间，和上次不在一个档次！”

投诉场景：

一对夫妇办完入住手续后，在门童的带领下来到房间，客人在房间转悠了一圈后，突然对门童说：

“这个房间与1个月前我们入住的房间价位相同，但怎么比上次的房间小呢？”

“上次二位入住时20000日元的房间没有了，所以就为二位安排了26000日元的房间。”

“那是你们酒店自己的问题，我们就是因为中意上次住的房间才又来的……”

原则上酒店的房费、餐费等是不打折的，尤其是餐费，其价格是综合了食材、餐具、烹饪水平、服务等多种因素后设定的，打折可能会导致餐厅亏本。如果仅针对个别客人打折，又会违背我们为所有客人提供“一视同仁”服务的铁律，所以餐费绝对不能打折。

但是，偶尔会出现如下情况：

客人预订了 20000 日元的房间，结果不凑巧，20000 日元的房间全满。由于这并非客人的原因，而是酒店方面的问题，所以没有 20000 日元的房间时，酒店会给客人升级房间，比如安排客人入住 26000 日元的房间。当然，向客人收取的房费还是跟之前一样，这相当于另一种形式的打折。不过这种情况一定要如实告知客人，这一点很重要。

“非常抱歉！您预订的房间满房，给您升级到 26000 日元的房间好吗？因为是我们的原因，所以房费还是只收取您 20000 日元。”

如果不像这样如实告知客人情况，后续可能会出问题。因为如果不事先说明情况，入住 26000 日元房间的客人会认为这就是“自己预定的 20000 日元的房间”。

而 20000 日元的房间与 26000 日元的房间在房型、大小等方面自然是有差异的。客人可能会想：“哇喔……20000 日元的房间好豪华啊，真好！以后来东京都住这里。”等到下次按照预订规格实际入住 20000 日元的房间时，可能就会提出投诉。

“什么啊！这跟之前的房间完全不一样，为什么同样的价格房间却不一样？我付了和之前一样的钱，必须住和上次同档次的房间，否则无法接受！”站在客人的角度，提出这样的投

“特例”应对要点

CASE

客人预订的20000日元的房间满房，于是为客人免费升级到26000日元的房间。

1）首先必须表示歉意：“因为20000日元的房间满房了，所以能请您以20000日元的价格入住26000日元的房间吗？”

2）表明是由于酒店原因导致这种情况的出现。

诉是自然反应。这时，就算酒店告知客人前一次入住是“特例”，也于事无补了。

必须充分认识到，如果酒店员工该履行的职责没有做到位，很可能招致严重投诉。

应对

原则上不打折，但因故必须改变原则时，一定要事先向客人说明情况。

7 “不要再说了，让我休息一下好吗？”

投诉场景：

一位看起来有些疲惫的年长女性客人办理了入住。

工作人员将她的行李搬到房间后，按照酒店流程询问：“需要点消夜吗？我们可以送到您房间”，说罢便拿出菜单，然后开始介绍酒店的一些设施，这时客人打断工作人员的话，说：

“我很累了，现在只想休息……”

服务就是“分寸”，外出旅行时，我常有这样的体会。比如，入住高级旅馆的特别客房时，其服务总是恰到好处且无微不至，房门外总是有女服务员待命，她会辨别房间内的声响，如果察觉到客人在换衣服，便会说：“让我来帮您吧。”这给客人的感觉极好，让客人忍不住慷慨地给小费。

反之，没有分寸感的服务则直接与投诉挂钩。经过长时间的旅途劳累后终于到达旅馆，客人想着“先上个厕所……”

这时如果旁边有一位寸步不离紧跟着的女服务员，那客人只会感到反感。或许旅馆有规定流程，将客人带到房间后必须做哪些介绍，服务员也只是按照流程办事，可是客人也有自己的苦衷。

把握分寸的要点

表情	・疲惫	让客人早点休息
	・着急	询问客人是否有急事……
状态	・不安	早点退出房间
	・悠闲	和客人稍微聊几句
人数	・夫妻	早点离开，尽量不打扰
	・团体	不要长篇大论地做介绍

在客人想上厕所的需求已临近极限时，如果服务员一个劲儿地介绍“稍微休息一下，散步的时候可以去××哦，现在正是观赏红叶的最佳时节……”说实话客人也是听不进去的。虽说客人可以不管不顾地冲进卫生间，可是和式旅馆隔音效果欠佳，客人会介意出现令人尴尬的声音，所以无法以放松的心情度过如厕时光。

这个时候注意观察氛围，体察客人的心情，迅速退出房间，才是有分寸感、得体的应对方式。

老板的问候方式如果不注意分寸，同样会给客人带来困扰，停留了很久的服务员终于离开，客人刚松一口气，结果老板又来了。客人可能会抱怨：

“旅馆门口才打了招呼，已经够了吧！”

老板完全可以在服务员来之前，快速跟客人打个招呼，或是在服务员在场的时候稍微问候一下，无论哪种方式都比这样轮番登场更有分寸，像这样不考虑客人感受的服务，就是将自己的意愿强加于人。

如果不能从客人的人数、关系（大致可以推测）、状态等揣摩客人期待的服务方式，老板和旅馆的口碑都会下滑。老板缺乏洞察力，必然导致回头客减少。

面对私密旅行的夫妇，在最小限度的必要接触后，就请客人自行安排，这才是洞悉人心的服务。而这种情况下无微不至的服务，反倒令其困扰。

同时还要告诉负责接待的服务员：“客人入住期间，尽量不要前去打扰……”这才是老板真正该做的。

应对

从客人人数、表情、状态等方面揣摩客人“想要什么”，再提供与之相应的、恰到好处的服务。

8 “工作人员没有眼力见儿”

投诉场景：

酒店餐厅里一位正在用自助早餐的客人叫来服务员，说：

“眼力见儿有些不足啊，那个菜盘已经空了好久了，我一直想吃那个。”

“非常抱歉！那道菜的制作需要点时间，等一会儿就上。”

“这是自助餐，跟制作时长没关系吧？只要估算好时间点，在快要吃完的时候就开始准备，就不会出现空盘的情况啊。”

近来很多酒店都提供自助早餐，有时就会出现这样的抱怨：

“我想吃的菜都没了，可是服务员却没注意到，太没眼力见儿了。”

确实，自助餐这种用餐形式就是为了让客人尽情、尽兴地享用喜爱的菜品，出现上述情况是酒店的问题。

但餐厅内其实有安排服务员检查每道菜的余量，所以不太会出现空盘子一直摆着的情况，即使出现了，可能也是因为追加的菜品制作费时，所以导致较长时间的空盘。

不过在自助餐时间即将结束时，酒店会有意控制菜品的量。如果在距离自助餐结束只有10分钟的时候，还大量上菜，必定会造成很大的浪费，而剩下的菜又没有用处，从成本上讲很不合算。

这种情况下如果客人提出想吃某道已经空盘的菜，可以单独为这位客人做一人份的量。

另外，还要注意不要与某位客人长时间聊天，否则会引起其他客人的不满："老是跟个别客人聊天，这难道不是怠慢其他客人吗？"

实际上，有的服务员看到熟客会上去聊几句，其他客人见此情景，自然会认为："服务员抛开工作在闲聊。"

这很明显是服务员的问题。与客人聊天时，切忌采用面对面的姿势。面对面讲话，在其他客人看来像是聊得正起劲儿；而且面对面讲话，服务员无法观察到其他客人的需求。

服务员与客人讲话时，要站在客人侧方，一边听客人讲话，一边用眼睛关注周围其他客人，如果察觉到某位客人似乎有需求，立即打断说话的客人：“非常抱歉！失陪一下”，迅速赶到有需求的客人身旁，这样应对才是身为服务员的基本。

如何分配注意力？

事先分配好每个人负责的桌位，重点关注责任区域。
但也要注意团队协作，兼顾其他区域。

· 餐巾纸的张数

· 客人的举止

· 烟灰缸里累积超过三根烟头就要更换

总之，时刻不忘用心观察，以便为客人带来愉悦的用餐体验。

服务的原则是对所有客人一视同仁，因此必须对自身行为保持谨慎，以免让其他客人误会是在特殊关照某位客人。正所谓“李下不整冠”，不做令人生疑之事，是追求公平公正之人的行为准则。

应对

任何情况下服务员都要眼观六路。

1.不与个别客人热聊。

2.即使在说话，也要一边听客人讲话，一边观察周围情况。

9 “人多的时候服务态度敷衍”

投诉场景：

因为附近公司的人会来用餐，所以中午酒店餐厅人很多。鉴于这种情况，酒店会配备足够的人手。但有时还是会被客人抱怨“受不了”。

“上咖啡的时候，咖啡都洒出来了，可是服务员完全没有察觉；上菜的时候，敷衍地一放就完了；我想点菜的时候，服务员半天都不来，真是太差劲了！”

不管怎么说，看到人这么多，客人要是能稍微体谅我们一下就好了……

客人与服务员人数的比例会影响服务质量。例如，在餐厅，5 名服务员应对 50 位客人与 5 名服务员应对 70 位客人，服务效果必然是有差异的。正因如此，才会出现“人多的时候服务态度敷衍”这样的投诉。

有时候人手确实不够，酒店会从其他区域调派支援队伍。

以大仓酒店为例，次长级别的员工会在各区域巡查，根据需要，发出“某某区域增派××名人员”这样的指令。

忙碌时应该注意的要点

1）不要想着因为忙碌，而让客人体谅员工服务上的不周到，“因为太忙了……”
2）不让客人感到敷衍。
3）举止优雅。
4）在服务之后，说“让您久等了”等贴心的话语。

然而一般说来，各个区域始终由自己的员工负责，所以抽调人手是需要团队协调的，这就要看经理的本事了。

繁忙时对客人的服务，关键在于服务员的言谈举止。

“太忙了，没办法，看这个场景，客人应该能理解啊。”

抱着这样的想法为客人提供服务，这正是让客人感到“服务态度敷衍”的元凶。

上咖啡时慌里慌张地把杯子放在桌子上，毫不在意杯托里洒了咖啡，上完后迅速离开，这样的事情当然会让客人觉得：“怎么能这样呢！”

不给客人留下“敷衍”的感觉，关键词是“优雅”。越是忙碌的时候，越要举止优雅，切忌说“太忙了，实在没有办法”这样的话。实际上，优雅地做事和慌慌张张地做事，时间上差异并不大，但给客人的观感截然不同。如果服务举止优雅，客人就会赞赏：“这么忙的时候，服务竟然这么周到得体，不愧是专业人士。”

此外，贴心的话语也要跟上。让客人久等的时候，如果仅说一句“这是您点的咖啡”，客人可能会想：“怎么回事啊？让我等这么久，一点歉意都没有吗？”而如果说：“非常抱歉！让您久等了！这是您点的咖啡。”像这样加上一句表示歉意的话，就能消解客人不悦的情绪。可以说，突破“困局”的关键在于细心的服务、贴心的话语。

应对

越是忙碌的时候，越要举止优雅。此外，不要忘记跟客人说“抱歉，让您久等了”等表达歉意的话语。

10 “办入住时明明说了要N报纸，你们却没有好好传达！”

投诉场景：

前台与一位外出归来的商务人士确认报纸种类：

“欢迎回来。明天早上给您送Y报纸可以吗？”

“我昨天就已经说过了，要N报纸。”

“非常抱歉！明早给您送N报纸。”

“办入住时说了的事情都不记下来吗？你们怎么交接工作的啊？！”

酒店员工一定要明白一点：对客人而言，舒心的服务是“自己的需求被好好记住，并被认真传达的服务”。

例如，连续入住的客人在办理入住时提出了如下要求：

“请送N报纸。”

客人的这一要求需要前台全员知晓，否则，第二天客人回酒店时，其他前台工作人员可能又会问客人：“请问明早给您送哪种报纸呢？”同样的事情被问好几次，客人会作何反应呢？肯定会生气抱怨：

“昨天办入住时明明说了要N报纸的，你们内部都不传达一下的吗……”

如此一来，非但没有提供让客人舒心的服务，反倒给客人留下了不愉快的印象。但凡客人已经说过一次的诉求，就一定要内部告知给相关人员，这样就无须重复询问客人了。这一点是非常重要的酒店员工须知事项。

不限于送报纸，客人用餐的餐厅，或其他所有场景都是一样的道理。

早餐时，服务人员问客人：“您好，给您上咖啡怎么样呢？”如果客人回答说：“麻烦给我奶茶”，那么马上记下这一信息。如此一来，第二天早晨的服务就会变成：

“您好！今天早上也给您上奶茶可以吗？”

就这样一句话，客人就会觉得酒店员工认真记住了自己的喜好，这就是令人舒心的服务。这与和前一天一样的询问方式“您好！给您上咖啡怎么样呢？”的服务相比，可谓天差地别。

可以将这一思路延伸到各种场景来为客人提供舒心的服务。

如果知道进电梯的客人所住楼层，就可以说：“您到5楼对吧？”如果事先了解到客人不吸烟，那么在餐厅或茶室入

员工工作交接示例

交接事项

505房间 XX先生

长住客人，每天19:00去房间。
如果使用过床铺，一定要重新整理。
浴室打扫干净，更换毛巾、茶。
※总之，要认真仔细。

晨报送N报纸。

口，无须问“请问您吸烟吗?”，直接将客人带到无烟座位区即可。

应对

确保员工之间共享客人相关信息。

11 “去年也是结婚纪念日来入住的，你们都没印象啊！”

投诉场景：

一对老年夫妇在前台办理入住。看起来像入住过好几次的客人，于是前台询问道：

“欢迎光临，二位以前来过吧？”

“是的，今天是我们的结婚纪念日，所以又来了。”

“是吗？恭喜！”

“去年也是同一天来的，特意来庆祝我们的结婚纪念日，怎么都没有印象了吗？”

客人相关信息需全员共享，这也是服务的秘诀。

如今我们身处信息时代，一切都朝着数字化方向发展。酒店业也是如此，客人的预约信息会立刻被输入电脑，这样一来预约相关业务的处理速度大大提高，错误率也很低。但如果认为这样做，服务水平就能得到很大提升，这个想法未免过于天真。

机器处理与服务质量本身就是两回事，很多时候特意记录了数据，但这些数据并未被有效利用。要做到想客人所想、抱着感恩之心接待客人，需要模型思维。

应掌握的客人信息

GUEST HISTORY（客人信息簿）

姓名	
年龄	
住址	
公司名	
国籍	
护照号码	
吸烟与否	
各种喜好	
报纸	
上次入住记录	

训练模型思维的有效手段之一是记笔记。例如，关于某位预约了用餐的客人，如果员工想道："这位客人来用餐的日子好像是结婚纪念日，必须送上祝福啊"，那么当下就记下笔记：

<××月××日　××先生 结婚纪念日>

并将它贴在桌子上。

仅在脑海中想一想的话，往往转头就忘了，写成笔记贴在醒目的地方就不会忘。

客人光临当天，就能这样问候客人："欢迎光临！非常感谢二位的到来，今天是二位结婚 15 周年吧，恭喜！"

如果不做笔记的话，很可能等到客人回去之后，才回想起来："完了！忘了今天是那两位客人的结婚纪念日啊！"这两种服务方式哪种更令客人舒心呢？答案显而易见，可见笔记的作用相当大。

电话接待也需要记笔记。有时会出现这样的情况：电话中客人明明已经说了"我是××，××先生在吗？想跟他沟通一下××的事情……"结果转到另一个人那里，下一个拿起电话的人又问客人："您是哪位？请问什么事呢？"

如果一开始接电话的人认真做了笔记的话，就不会出现这样的情况。如果我是客人，遇到这种情况，我只会说："名字和事情我刚刚已经说过了。"

无论对方怎么请求说："十分抱歉，能否麻烦您再说一次……"我都会断然拒绝，同样的话绝不说第二次。这类事件在服务行业绝对是会导致客户流失的行为。

要是认为："都这个时代了，还做笔记……"

像这样瞧不起记笔记，就会吃不记笔记的亏。

应对

无论是接电话还是关于客人的一些细节，都要养成记笔记的习惯。

12 “刚要开始服务，说抱歉是什么意思！”

投诉场景：

在酒店餐厅，服务员为客人点单时，询问客人：

“抱歉，请问您决定好点什么了吗？”

结果客人一脸不高兴地反问：

“你是做了什么需要道歉的事情吗？”

“不，我没有做要道歉的事情……”

“那你刚才的说法岂不是很奇怪？”

“……”

进入餐厅或茶室时，服务员前来点单，一定会用同样的句式说：

“抱歉，请问您要点什么？”

这常让我觉得很不可思议。

大家可能平时听习惯了，也不会觉得有违和感，但我很难理解。尽力提供服务的人说“抱歉”算怎么一回事呢？无论什么档次的店，都是为客人提供服务，肯定没有客人是专程前来感受歉意的。

很明显这是用词失误，是遣词草率。不知从何时开始，“抱歉”一词成了服务人员的固定套话，但我认为，既然不恰当就应该立即改正。

服务员来点单时，用“欢迎光临，感谢您来本店用餐，请问您点什么？”这些词更显周到，给客人上东西时，说“让您久等了，这是您点的咖啡，祝您用餐愉快”更加自然。

服务应该从“谢谢”“请……”这类词语开始，这样更自然也更正确。“抱歉”与“打扰了”，绝对不是服务用语。明明有努力提供服务的热情与心意，所以完全无须心怀歉意。

在接待客人的过程中，要根据情况使用合适的语句，这也是对服务人员的基本要求。

当然，由于某些原因，可能也会出现要说“非常抱歉”“请原谅”的情况，但这要视情况而定，如果不加区分地滥用这些用语，场面就会十分尴尬。为此，服务人员应在平时接待客人的实践中，有意识地验证各个场景下最合适的话术。如果一个劲儿地使用“抱歉”，那你永远都学不会根据场景判断合适的用语。

不如试着在接待客人时，将“抱歉”一词暂时屏蔽，你

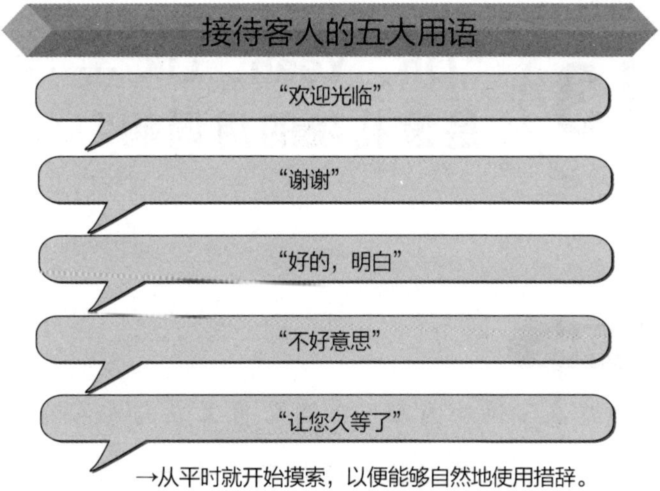

→从平时就开始摸索，以便能够自然地使用措辞。

可能就会发现自己平时有多么依赖这个词了。改变是从认识现状开始的，从这个原则来看，我认为上述方法相当可行。

应对	**平时就有意识验证什么才是不同场景下最合适的表达。**

13 "Oh、Yeah、OK……真是没礼貌的用词啊"

投诉场景：

酒店来了位外国客人，酒店员工在与客人交流了两三句后，这位外国客人说起了玩笑话，酒店员工也就随意用"Oh、Yeah、OK"来应答，结果这一幕被另一位客人看到了，于是那位客人向前台负责人抱怨：

"不管怎么说，也不应该讲'Oh、Yeah、OK'吧，换成日语就是'哦、好……'太没礼貌了。"

"非常抱歉，我们会警告员工的。"

"真怀疑你们酒店的档次啊……"

酒店人要用词精准，因为对客人而言，最容易判断服务质量的方法之一，就是服务人员的措辞。如果服务人员用词欠妥，当场就会被客人打"×"，之后再想赢回客人的信任绝非易事。

快餐店也不例外，他们会制定待客手册，所有员工都要严格按照手册要求来接待客人。这正好说明快餐店有多担心员工用词不当而招来“口舌之祸”。

针对外国客人的说话方式

欢迎光临，我带您去前台，这边请。

GOOD EVENING,SIR/MADAM.WELCOME TO THE HOTEL.
I WILL SHOW YOU THE WAY TO THE FRONT RECEPTION.
THIS WAY PLEASE.

我带您去房间。
请问您的行李在哪儿呢？稍后由行李生送到您房间。

I WILL SHOW YOU THE WAY TO YOUR ROOM.
WOULD YOU KINDLY POINT OUT YOUR BAGGAGE.
AND ANOTHER BELLMAN WILL BRING YOUR BAGGAGE TO YOUR ROOM.

但酒店员工照搬手册话术来接待客人，则行不通，因为酒店面临的工作场景更加复杂。比如迎接客人的时候，只说一句“欢迎光临”是远远不够的。

不过就算是接受过培训的酒店人，也有意想不到的失误的时候，例如在措辞方面就有过这样的投诉：

“员工在接待外国客人时，竟然说‘Oh、Yeah、OK……’不管怎么说，这样对客人都很不礼貌吧。”

正如这位投诉的客人所说，这几个英语单词的适用范围限定在朋友关系，这是常识，酒店员工针对客人用这些词并不妥当。

即使是无须客套的朋友来到酒店，只要在营业时间范围内，工作人员就应该以酒店员工的身份与之对话。这是不可动摇的原则。

当听到酒店员工对客人说“哦，好”，谁都想皱眉头吧。可以说这样一句话有损酒店形象。我认为这种无意识间的用词不当，是缺乏对自己所在集体的自豪感与信赖感的表现。

“自己是有档次的酒店的员工，自己的举手投足，都关乎酒店形象。”

要是有这样的意识，就算偶尔有小失误，也不至于发展成“大意失言”的事态。当然，所在集体是否成了不值得自豪、不值得信赖的集体，这也需要纳入考量范围。

应对	**如果对自己所在集体缺乏自豪感和信赖感，员工就很容易大意失言。要有这样的思想觉悟：“自己是有档次的酒店的员工，要以自身行为守护酒店的形象。”**

14 “怎么说话的？太没礼貌了！”

投诉场景：

某位客人从刚才开始，就一直在酒店走廊来回踱步。员工见此情景，以为客人迷路了，便上前询问：

“您好！请问您要去哪儿呢？”

结果客人一脸不悦地说：

“我就住在这家酒店，可不是什么可疑之人。”

“不，我不是那个意思……”

“我觉得你在盘问我，感觉不太舒服。”

美国有一家名为“达美航空”的航空公司。在欧美，一般来说，商业场合都有很明确的上下班界限，如果到点了，那么下班的员工就马上结束工作，就算自己所在团队还在忙着，也绝不会帮忙。这是很普遍的现象。

但在达美航空，已经结束飞行任务下班的空姐，如果看到办理登机手续的柜台人多拥挤，也会帮忙接待旅客或是引导登机等。她们提供了颠覆以往习惯的服务，这被称为“达美精神”，这样的服务态度也受到了其他航空公司的关注。

所有的服务场合都需要达美式的服务态度，当然大前提是自己切实做好了分内之事。但如果认为只要做好分内的事就可以了，作为专业的服务人员而言，确实有所欠缺。

看到有客人好像不知道目的地位置，在四处寻找的样子，不管自己身处什么岗位，迅速上前询问，弄清楚客人想去的地方，然后为客人提供帮助，这才是专业称职的做法。

但上前询问的时候，一定要注意用语：

“您好，请问你要去哪里？”

这种问法是不行的，这个问法有追问甚至盘问的语气。让人感觉像警察查问时的“喂，去哪里？（不会去什么可疑的地方吧）”一样，会让被询问者感到被怀疑、被质问。如果是比较敏感的客人，可能会觉得：“怎么说话的？太没礼貌了！”

此处正确的句式是英语的“May I help you?”，直译成日语就是：“有什么可以帮您的呢？”实际上英语圈的服务人员，不管是酒店还是餐厅或是商店，在接待客人时，开口第一句都是这句话。

但在日本，不能把这句话直译过来走天下，而要根据具体情况选用相应的说法，否则又会引起新的投诉。

熟练使用 May I help you

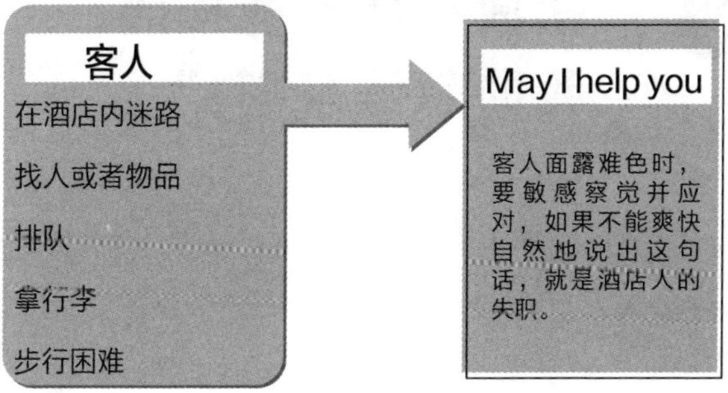

如果客人在找目的地，可以说“我来为您带路吧”。如果客人在餐厅或茶室，有客人不知道如何支付，或许可以说：“请问您要结账吗?”总之，要根据情况，说出合情合景的“May I help you?”，否则你就不是一名合格的酒店人。

应对

要根据场合，选择最应景的“May I help you?”对应措辞，并真诚表达。

15 “外套、长围巾的摆放等能不能按照我的想法来啊！”

投诉场景：

寒冬时节，一位身着昂贵皮草的客人来到酒店餐厅。见状，收银台的工作人员赶忙对客人说：

“您好，外套我帮您寄存一下吧。”

“不用了，我就想放在手边。”

“如果用餐过程中弄脏您的外套就不好了，而且这也是我们的规定。”

“我不会找你们麻烦的。再说了，外套放哪里，能不能按我的想法来啊！”

语言中蕴含的细微差别是沟通的有力武器。即使是传达同样的内容，细微差别也能巧妙地表现出言外之意，这是谁都有过的体验吧。

但有时，这也会引起和客人之间的纠纷。各服务场所都有自己特有的规定，比如最近常见的将餐厅分为禁烟区和吸烟区的规定。除此之外，还有其他可能引发纠纷的情况。

对客人说话的方式

1　否定换成肯定说

“前台是在这层吗？”

○“嗯，从那里的楼梯上去左首边就是。”

×“不是，在楼上。”

2　命令换成问句说

“可以吸烟吗？”

○“非常抱歉！可以请您去那边的吸烟区抽烟吗？”

×“非常抱歉！请在那里的吸烟点儿抽烟。”

有些餐厅规定必须将外套或长围巾寄存到衣帽间。当有客人不寄存外套，直接走到座位准备落座时，餐厅员工就会提醒客人：

“您好，本店规定需将外套寄存在衣帽间，我这边帮您寄存一下。”

这句话内容上说明了寄存外套是餐厅的规定，但我认为其中包含的语气，可能会让部分客人生气。

本来是对客人发出请求，但这种说法中含有“这是我们店的规定，绝对不可以让步，要是你不遵守的话，我们很为难”这样的强制性语气。如此一来，客人可能会以这样的话撑回来：“开什么玩笑！我才是客人，我付了钱的，我自己带的随身物品，还不能让我自己随心放了？”所以对客人发出请求时，必须从头到尾使用征询意见的语气，这一点非常重要。

“您好，需要我帮您寄存一下外套吗？”

“您好，我们想帮您寄存一下外套，不知道您方便吗？”

如果用这样的说话方式，客人听起来的感受就会完全不同。理由很简单，因为这样的措辞，让人听起来感觉是决定权掌握在客人手上，这就是关键。“请这样做”“应该那样”“我们这里是这样做的”，这些不容分说的说法容易招人撑，而如果是征询意见，就无须担心引起投诉了。

应对

对客人的“请求”一定要用询问的语气。如果使用询问的语气，就不用担心会被投诉。

16 “房费打折，服务怎么也跟着打折了呢？”

投诉场景：

住宿优惠期间，一位客人正在办理入住。但这位客人对前台似乎很有怒气。于是前台询问客人：

“请问您有什么事吗？”

“什么事……说我赶上了大减价是什么意思？好不容易想在高级酒店和老婆一起享用美食，你们竟然说对我打折。”

前台工作人员其实很想回客人：“您来得真是时候，现在入住特别划算……”

现在各家酒店都会实施房费打折的项目，开展限时优惠活动或女士专属企划等针对特定客群的活动，总之酒店在想办法变着花样地吸引客人。

不管是打折还是正价，对酒店来说，面对的客人都是一样的，服务上绝对不能有差异，这是基本中的基本，然而似乎有时候客人会从语言上感受到“差异”。

比如，正价费用是 25000 日元的房间，在某一时期以 17500 日元的价格销售，如果对前来办理入住的客人说：“今天为您准备了特价 17500 日元的房间”，结果会怎么样呢？

总觉得给人一种“让你占便宜了”的微妙感受。换一个场景，假如在商业街的弹珠游戏厅，设想一下，今天撞大运，一直在中大奖，脚下的弹珠箱都满了，然后想着走吧，抱起弹珠箱去奖品兑换点……如果那里的店员说：“您今天手气真好啊！其他方面肯定也会有好事的。”你的心情肯定是好上加好。但如果店员说：“这位客人，您今天中了好多啊！”客人会作何感想呢？

如果再加上一副毫不掩饰的郁闷表情（店里吃亏了），或者说话语调再冷淡一些，客人绝对想以一句“让客人赚也是你们生意的一部分！”来怼回去。

在以客人为对象的商业活动中，要有意识地使用让对方开心、让对方心情愉悦的语言，这是沟通的关键。

刚刚所讲的案例中，酒店前台工作人员就有必要向弹珠游戏厅的工作人员学习：

“您好，收取您 17500 日元的房费。现在刚好是我们活动期间，非常感谢您的入住！”

让客人开心、心情愉悦的语言

入住优惠房间时

× “您好，今天为您准备了特价17500日元的房间。”

○ “现在刚好是我们活动期间，非常感谢您的入住。”

弹珠游戏厅中大奖的客人

× “这位客人，您今天中了好多啊！”

○ “这位客人，今天手气真好啊！其他方面肯定也会有好事的。”

这样说的话，客人应该就会想：“哦，来得还真是时候呢，我赚了！”用语言在微妙之处表达自己的想法非常重要。

应对

与客人交流的基本原则是：使用恰当的语言，让客人能够“心情愉快”地接受服务。

专栏

服务资质指什么？

15 年前，社团法人日本酒店餐饮服务技能协会（HRS）成立。该协会是向包括酒店、餐厅在内的所有提供餐饮服务的劳动者颁发由厚生劳动大臣授予的服务技能师资格证的机构，其总部位于东京，在日本各地设有分部，每年对相关人员进行资格认证。

接受了各种服务教育的专门学校的毕业生，可以获得三级认证。认证机构（HRS）通过课程考试和实习考查学生的实操技能，包括餐桌布置、衣物放取、大堂保洁、纺织品类的更换等的工作顺序、要领。

有四五年工作经验的人可获得二级认证。与三级相比，二级认证考查难度加大，内容包括引导客人去餐桌、男女客人座位的安排、出示菜单，以及为客人点单的方法，还有饮品服务、上菜等。6 位考官将根据参加认证者在上述环节中的表现，并结合其与客人的对话综合打分。

一级认证则需要用英语完成二级认证的全部内容。此外，还有红酒的说明、展示、开红酒、将菜品分切成客人易食用的样子、为客人推荐主菜的最佳配菜、沙拉、餐后甜点等各种技能的考查。参加认证的人员需在规定时间内在考官面前完成以上内容。因此，就算有10年西餐服务经验的人，也仅有半数左右能通过认证。

截至平成十一年（1999年），日本全国一级认证1316人，二级认证3597人，三级认证6748人，共计11661人获取了服务技能资质。

他们工作时，都佩戴着带有H·R·标识的景泰蓝胸章，一级是金色，二级是银色，三级是蓝色。他们活跃在日本各地。取得资质后，他们也感到了一份身份认同与自信。事实上，这些人在工作中能够更好地服务客人，并获得了客人及老板的信赖，大家都很感谢他们对工作的热情。“吃”是我们生活中不可或缺的部分，除了味道，还有令人难忘的用餐氛围、用餐过程中与友人的愉快交谈、为我们提供优质服务的人等，这些都会让“吃”这件事更有价值。

希望今后大家在观察服务人员工作的同时，度过一个愉快的用餐时光。

第 5 章

避免客诉的七项原则

·服务中有必须做的事、不能做的事等“明确”的原则。

·如果不了解这些原则，难免引发客诉，本章就将为大家介绍避免客诉的原则。

1 100 位客人有 100 种需求

“应该如何应对客诉呢?”

我常被问到这样的问题，然而这并不能一概而论。在思考投诉应对方法的时候，有必要先了解客人提出投诉的具体情形，也就是弄清楚投诉产生的源头。

客人有各种各样的需求，如“我想这样”“我想接受这样的服务”等，投诉产生的原因在于客人的这些需求没有得到满足。

这样看来，投诉的构成并不复杂，难点在于客人的需求多种多样。我常讲“100 位客人有 100 种需求”。确实如此，所谓甲之蜜糖乙之砒霜，对某位客人而言的最佳应对方式可能会成为另一位客人的投诉点，酒店应当充分考虑到这一点。

例如，询问在大厅无所事事的客人:“请问您要去哪儿呢?我可以带您去……”

如果这位客人正苦恼于找不到和友人约定的茶室，那这样询问就非常合适，丝毫没有可被投诉的地方。

投诉的构成

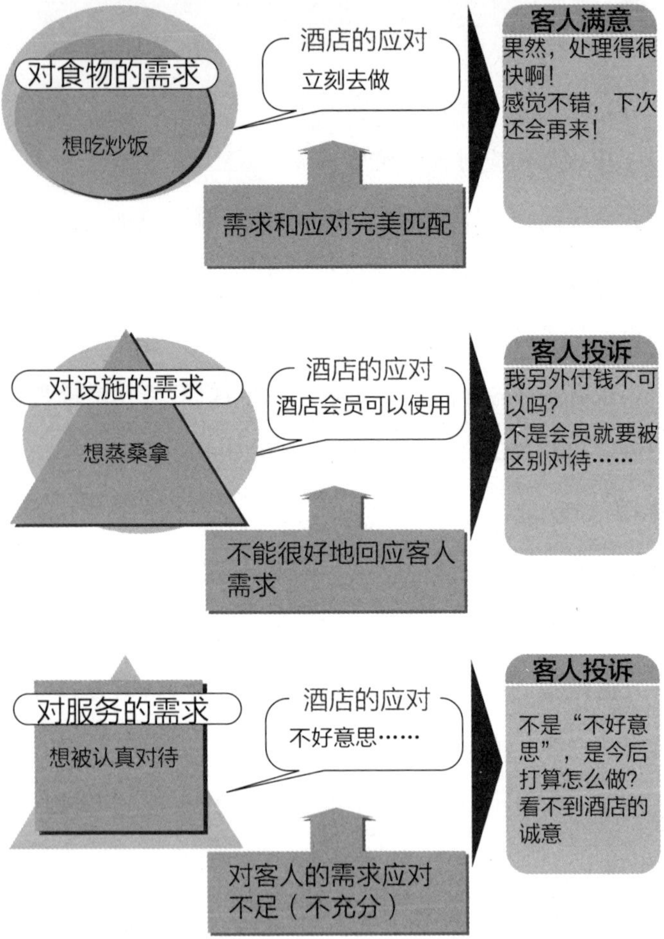
对食物的需求
想吃炒饭
酒店的应对
立刻去做
需求和应对完美匹配
客人满意
果然，处理得很快啊！
感觉不错，下次还会再来！
对设施的需求
想蒸桑拿
酒店的应对
酒店会员可以使用
不能很好地回应客人需求
客人投诉
我另外付钱不可以吗？
不是会员就要被区别对待……
对服务的需求
想被认真对待
酒店的应对
不好意思……
对客人的需求应对不足（不充分）
客人投诉
不是“不好意思”，是今后打算怎么做？
看不到酒店的诚意

但是，还有一种可能是客人和友人约定在大厅碰面，但对方迟迟未出现。如果是这种“看起来无所事事”的客人，前去搭话，反而会让对方更加烦躁，加剧客人的不开心。

那么，要如何看出客人真正的需求呢？这只能依靠经验和观察能力了。可以从客人的表情和动作上寻找线索，因为人的一切喜怒哀乐都会反映在表情上。如果察觉出客人的脸上隐藏着“怒气”，那么毫无疑问，这表示对客人的服务还不够周到，客人需要其他服务。很有可能这时候客人心中投诉的种子已经开始萌芽。

这种情况下，多问一句“有什么不周到的地方吗？请尽管吩咐”，就能平息客人的怒气，引出其真正的需求。如果能这样做，就能将一个差点儿要诞生的投诉扼杀在萌芽状态。

当然，正确认识不同客人的不同需求，并非一朝一夕可以掌握的能力。重要的是，要有意识地时刻关注客人的需求，不断积累经验。

2 不要“被命令”，而是要知道自己的工作是什么

前些日子发生了这样一件事：我在出差的地方打了一辆车，等了很久都没来，这让我很着急。我指定的时间是晚上8点半，我按照约定时间出门，却没有看到目标车辆。等了一会儿之后，我跟出租车公司打电话确认，对方告诉我“司机好像在街背后等您”。我的要求是在街上见，所以出租车公司应该告诉司机在大路上等我。然而，又过了20分钟，依然不见司机的身影。

“还没有来！你们在搞什么！”

我火冒三丈，又给出租车公司打了电话，得知车好像停在几栋大厦之间，而他们打不通司机的电话。无奈之下，我只得四处徘徊，寻找来接我的车。当然，“找到之后绝不能放过他！”

好不容易找到了车子，我走近一看，司机正悠闲地坐在里面。

“你这个笨蛋！怎么能让客人到处找出租车！就算你没办

法只能把车子停在街背后，也可以下车找一下我，这难道不是常识吗？围着大厦转一圈要不了 5 分钟……”

这种时候就算对方不理会，我的嘴还是像机关枪一样骂个没完。只见司机一副惶恐不安的样子，战战兢兢地一直道歉：“非常抱歉……”但我依旧相当愤怒。即使之后那家出租车公司把我列入黑名单，也不能阻止我此刻对司机发泄怒火。

对要坐车的人来说，司机迟到 30 分钟会完全打乱预定的时间安排，甚至可能发展到不得不取消重要会面的严重事态。

负责派车的人指令传达得不够到位，确实也有这方面的原因，但司机只要稍微站在客人的立场想一下，至少会下车，在附近找找客人吧。

“晚上八点半，在××大厦接桥本先生。”

如果收到这样的指令后，只是照做，准时把车停到大厦附近等着，被客人投诉也不意外。出租车业务中所说的“接”，是要把客人实实在在地“接”到车子里才算结束。要知道，所谓“专业”就是知道“自己的工作”是什么，并将它完成。

“自己的工作”范围是?

工作委托

开车到× ×接○○客人，把客人送到△△。

▼

接客人

按照约定时间到达约定地点，将客人接上车。

客人没有在约定时间出现!

a:总之在这儿等着，直到客人来。

b:试着去约定地点外的其他地方找找客人。

b:工作是确保接到客人

▼

送客人

在规定时间范围内将客人安全送达目的地，目送客人离开。

客人说想顺便去△△以外的地方

a:因为之前没说要去，所以不去。

b:工作就是送客人去想去的地方，要去。

b:工作是将客人安全送到其指定地点。

▼

工作完成

3 对每位客人一视同仁

服务的出发点在于尽可能回应客人的需求。但是要知道，如果在这方面不了解 TPO，也会面临不断引发投诉的风险。

假设餐厅内某位正在看菜单的客人提出这样的需求：

“这上面有烤羊肉，可以换成烤牛肉吗？我不太能吃羊肉……”

因为酒店厨房准备了所有食材，所以满足客人的这个需求轻而易举。

然而，这样做是否妥当？还有很多思考的余地。有时候不加思考地答应下来“明白了”，反而会引起别桌客人的不满：

“其实我也喜欢牛肉，但是因为菜单上没有，所以点了羊肉，凭什么那位客人就要特殊对待！”对每位客人一视同仁是服务的出发点，如果不分场合地区别对待客人，确实容易引起其他客人的不满。

如果客人点了菜单上没有的食物，合理的应对方式是针对这部分额外收费。

酒店让客人感到“偏心”的行为

为特定的客人提供菜单以外的菜品

投诉 “什么呀，我也想吃那个……”

付了同样的钱住的房间档次却不一样

投诉 “付的钱一样，但是他们的房间更好。”

酒店员工只和特定的客人讲话

投诉 “工作人员完全没有关注到我们这边。”

菜品的分量、味道、色泽不同

投诉 “他们那个是特别提供的吗？”

比别人先点菜却后上

投诉 “我明明在等却先上别人的菜，不能原谅。”

“明白了。但是换成牛肉的话需要加价，您能接受吗？”

如果这样处理，那么就不存在对某位客人“偏心”的说法了，也不必担心会被别桌客人投诉。

另外，有些时候为了一视同仁地对待每位客人，酒店员工会将酒店手册上“规定”的内容强加给客人，这也可能招来投诉。

我曾经住过一家温泉旅馆。我们是一个团体一起去的，所以会因为人数原因出现一个人住双人房的情况。于是旅馆方面告诉我们，这种情况必须收取双倍费用。

按照旅馆的说法，一个人占用双人房，则需要收取两个人的费用，这是旅馆的“规定”。

但是，用餐是一人份，使用的被子也是一人份，不管怎么说收取双倍费用还是太多了。哪怕在酒店，一个人住双人房也最多加收 20% 的附加费。

最后，虽然我们还是按照旅馆的“规定”缴纳了费用，但显而易见，这让我们整团的人都很不满。

规则、手册，这是旅馆方面的问题，与客人无关。如果在客人不接受的情况下，将这些东西强加给客人，只能说旅馆方面没有理解服务的本质。在我看来，有时候服务需要灵活性……

4 了解“提供什么服务”

酒店生意是“time and space”的生意。换言之，它通过为客人提供时间与空间来实现。因此，要想让酒店生意获得成功，关键在于如何活用时间与空间。

在回应客户需求的时候，也必须抱着有效利用时间与空间的意识。某位客人预约时曾发生过这样的事：

“明天我很早就会到，希望你们早上6点就为我准备好房间。”

按照规定，这种情况下客人需要支付两晚的房费。

“为什么?！我只睡一天，凭什么要付两晚的房费……”

尽管客人有这样的怨言，酒店方也不让步。因为6点准备好房间，意味着这间房前一天就必须空出来。不可能对前一天入住的客人说“明天早上6点会有新的客人入住，麻烦您5点半空出房间”。也就是说，为了满足6点预约的这位客人的需求，酒店实际上需要留出两日份的时间和空间。

也许会有人反驳：“如果有从前一天开始就空着的房间，

那不就可以了吗？”

但这种依赖于具体情况的应对方式，背离了最大限度利用时间和空间的商业策略。商业策略下的规则不应该受限于当时面临的实际情况，而是任何情况下都必须贯彻落实，否则会引起严重后果。

关于预约餐厅，会有这样的情况：如果客人预约了晚上 8 点半的位子，而餐厅是下午 5 点半开门，那么餐厅会在预约的客人到来之前，用这个位子接待另外的客人，因为 3 小时一直把位子空着效率很低。

然而，有时上一组客人的用餐时间拖了很久。于是预约的客人会提出投诉：“我订的位子没有了！”客人的不满完全可以理解，这是餐厅方面的过错。但是，面对这样的情况，也并非没有应对技巧。只需要在接受预约的时候，像如下这样告知客人：

“您预约的用餐时间刚好是我们客人最多的时段，万一不能为您安排您指定的位子，给您安排到附近的位子，您看可以吗？”

像这样事先“打预防针”，是预防投诉的有效手段之一。

时间与空间意识

为客人提供舒适的空间
为客人提供愉悦的时间
并收取相应费用的商业服务

原则

为了给客人提供舒适的空间与愉悦的时间需要格外细心

舒适的空间

1.安全管理

保护客人的隐私及人身、财产安全，防火防盗

2.清洁度、居住舒适度

周到的清洁，备品、一次性物品的配置

愉悦的时间

待客服务

恰当的回应，细致的关怀，愉快的对话

原则

高效利用时间和空间，不浪费

空间管理

1.保证空间

管理客房状况，杜绝空间浪费

2.保养空间

空间的改造与翻新，以及保养、维修

时间管理

1.开门、关门时间的管理

严守开门、关门时间

2.管理使用时间

如何对待一直坐着的客人等

5 有必要采取措施让他人遵守规则

在这个各种规则日趋宽松的时代，有关吸烟方面的规定反而越发严格。飞机的国内航线与国际航线全部禁烟，车站站台除了角落的吸烟处外，也都是禁烟区域。

对吸烟者而言，这是一个“不太友好”的时代。作为一名公认的吸烟爱好者，在此我想发表一些个人意见。我一贯的主张是，既然如此大声呼吁禁烟，就有必要进一步整顿周边环境。

如果空有规则，却不采取相应的措施以让他人自觉遵守，可以预见会接二连三出现违反规则的人。

现在，随着户外运动的兴起，露营场地遍布全国各地，也随之出现了很多谈论露营者礼仪的声音，如：“污染了打水的地方”“上厕所的方式太糟糕了”……但是，即便在打水的地方用显眼的大字写上“请不要污染水”，效果如何也很难说。

倒不如写上：“请尽情享用这甘甜的泉水。”人们反而会因此注意不污染泉水，这就是使用者的心理。

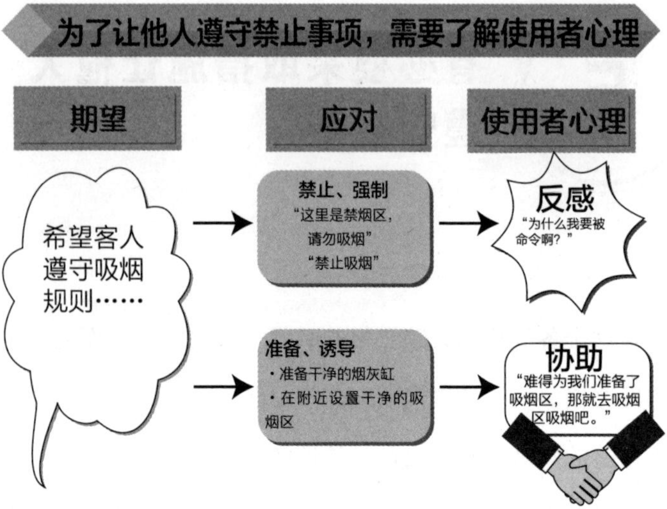

如果仅仅为了让他人遵守规则，先打出“禁止”的旗号，我认为这并不明智。

关于禁烟也是如此。例如，在禁止吸烟的大楼入口处（大楼全域禁烟）写上提醒的标语，会出现什么情况呢？毫无疑问，大楼门口会满地烟头。边走边吸烟的人看到标语后，很可能会随手把烟头丢弃在门口。

最后，只会造成一种滑稽的结果，那就是大楼内部确实严格遵守了禁烟规则，但入口处却像是打翻了烟灰缸一样的景象。实际上，在彻底贯彻禁烟的美国，大楼门口都设有丢弃烟头处。

换一种思维，在张贴提醒标语的同时，在门口摆放一个烟灰缸，又会如何呢？无论多么不懂吸烟礼仪的人，看到干干净净的烟灰缸，也会把烟头扔进去吧。如此一来，大楼门口再也不会满地烟头了。

在此我还想顺便就 JR[①] 说两句。新干线吸烟车厢内的异味是否无法解决？现在的吸烟车厢让身为烟民的我都感觉很不舒服。正因为是吸烟车厢，更应该加强排气设备的管理，时常更换烟灰缸，保持空气清新，我认为这才是真正的服务。不考虑吸烟者的感受，认为只要把这部分人“隔离”起来就好了，在这样的大环境下，吸烟者们发出“太忽视我们了”的抱怨，也不足为奇……

---

① JR，即日本铁路公司（Japan Railways），是日本的大型铁路公司集团。其前身为日本国有铁道（简称“国铁”，常用的缩写名称为“JNR”）。

6 督促他人遵守规则是工作人员的职责

规则的根本在于“不让周围的人不舒服”。如果是私人场合，可以不在意他人眼光，随心所欲地做自己想做的事。但在社交场合，则至少要保持最低限度的礼仪。

比如，在自己家可以随意把腿放在茶几上，但如果在酒店大厅这样做，则会给他人带来困扰。这种行为在日本客人身上倒是不常见，但有些外国客人会采用这样的姿势来放松。一旦遇到这样的情形，工作人员必须立刻上前提醒。

“不好意思，这不是脚垫，可以麻烦您把脚放下来吗?”

工作人员这样讲了之后，外国客人反而会表现得很随和，一般会说一句“sorry”，这件小事得以顺利解决。

这种情况下，最不可取的是因为顾忌客人而装作视而不见，这样只会导致重视礼仪的其他客人提醒这位“不守规矩的人”，甚至可能发展为严重纠纷。

被酒店工作人员提醒后，尚且能够态度友善地接受，但如果被其他客人提醒，可能就会恼羞成怒，这是人的心理。

“凭什么我要被这样指摘!”

酒店方要充分考虑到这种可能引发客人间冲突的情况。因此，督促客人遵守规则是工作人员的职责。

夏天常出现这样的事情：因为酒店会控制室内温度，所以即使客人在室外被烈日炙烤，一回到室内，就能瞬间获得舒适感。于是，不知道是故意还是无意，总有客人会在大厅沙发上熟睡。

这幅场景难免让其他客人感觉不舒服。如果工作人员上前提醒客人：“客人您好，不好意思，这里不是睡觉的地方……”可能会遭到客人的反驳：“开什么玩笑！这家酒店连闭着眼睛想问题都不允许了吗?”这种情况下，还是用提问的语气比较奏效。

“客人您好，为了防止您感冒，需要为您准备房间吗?”

没有反驳的余地，客人只得立刻停止午睡。

社交场合的礼仪

着装	“穿着浴衣在大厅休息。” “在高级酒店穿着短袖、短裤到处走动。”
态度、行动	“在大厅里打盹儿。” “在酒店内来回跑。
说话方式、对话	“大声说话，不考虑周围的人。” “进行粗俗的对话。”
物品、宠物	“将导盲犬以外的动物带进餐厅。” “持有危险物或管制器具。”

让客人遵守规则是工作人员的职责

工作人员的说话方式

客人您好，为了预防您感冒，需要为您准备房间吗?

询问的语气

客人的心理

这样啊，感谢关心。因为太累了所以不小心睡着了，有点不好意思。

工作人员的说话方式

客人您好，这里不是休息的场所，麻烦您起来。

直接的语气

客人的心理

开什么玩笑！我才没有睡觉。这家酒店连闭着眼睛想问题都不允许了吗?

7 不必把客人的无理要求全都听进去

任何领域都有无理取闹的人，投诉者中也有这样的人。正因为如此，服务业从业者的辛劳从未停止。说起来是很久以前的事了，大仓酒店的某位常客就曾给工作人员带来诸多困扰。

某位外国客人每天都会来酒店吃早餐，但每次都会抱怨。这位客人每次都点一样的菜，但他总是一直看着菜单，故意用服务员听不到的声音点单。当然，服务员还是像往常一样，复述了他每天都会点的菜。于是，客人怒道："你根本没有听我讲话!"服务员只得先跟客人说几句道歉的话，然后端上客人每次必点的餐点，不料又被说了一通。

"我没有说要这个，这是什么……"

这实在是很难对付。而且这位客人每天都这样，连我都到了忍无可忍的地步。

某天，我坐在那位外国客人的旁边，仔细观察确认他的行为。因为如果没有当场抓到确凿的证据，我们也没办法指责他。这位客人仍旧像往常一样，各种刁难服务员。一不留神，

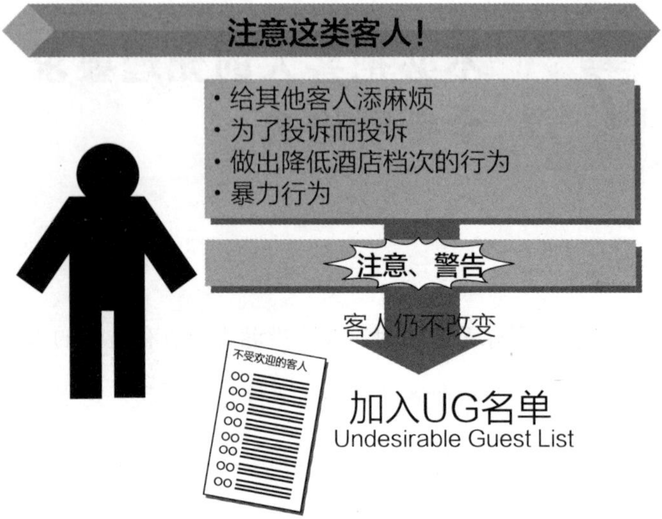

他直接把钱扔向收银台。不行，已经到了我忍耐的极限!

“这位客人，不好意思，这里不是神社，我们不做扔钱的买卖。神社有香资箱，所以您可以把钱扔进去，但这在我们这里是不允许的。”

当然，因为对方是外国人，所以我是用英语讲的这番话。只是，我的英语水平十分有限，不知道有没有将意思传达到位。不过对方好像认为我在挑衅，对我说:“你太嚣张了!”最后发展到把当事双方召集起来，开会解决这件事的地步。我们这边派出的工作人员是出生在国外的日裔二代，所以能用流利的英语跟客人交流。

“你不要再来我们酒店了!”

早知道只需说这一句，那么并不需要英文有多流利……不知道是不是这句话起了作用，之后这位外国客人再也没有出现在大仓。

后来听说这位客人在被禁止进入大仓后，又开始在其他酒店做相同的事情，看来完全没有吸取教训。

这类人会被记录在“UG 名单”。UG 是“undesirable guest”(不受欢迎的客人）的简称，名单上的信息会被共享给东京都内的各大酒店，以防他们再次作恶。

关于“服务的细节丛书”介绍：

东方出版社从2012年开始关注餐饮、零售、酒店业等服务行业的升级转型，为此从日本陆续引进了一套“服务的细节”丛书，是东方出版社“双百工程”出版战略之一，专门为中国服务业产业升级、转型提供思想武器。

所谓“双百工程”，是指东方出版社计划用5年时间，陆续从日本引进并出版在制造行业独领风骚、服务业有口皆碑的系列书籍各100种，以服务中国的经济转型升级。我们命名为“精益制造”和“服务的细节”两大系列。

我们的出版愿景：“通过东方出版社‘双百工程’的陆续出版，哪怕我们学到日本经验的一半，中国产业实力都会大大增强!”

到目前为止“服务的细节”系列已经出版130本，涵盖零售业、餐饮业、酒店业、医疗服务业、服装业等。

更多酒店业书籍请扫二维码

了解餐饮业书籍请扫二维码

了解零售业书籍请扫二维码

“服务的细节”系列

书　　名	ISBN	定　价
服务的细节：卖得好的陈列	978-7-5060-4248-2	26 元
服务的细节：为何顾客会在店里生气	978-7-5060-4249-9	26 元
服务的细节：完全餐饮店	978-7-5060-4270-3	32 元
服务的细节：完全商品陈列 115 例	978-7-5060-4302-1	30 元
服务的细节：让顾客爱上店铺 1——东急手创馆	978-7-5060-4408-0	29 元
服务的细节：如何让顾客的不满产生利润	978-7-5060-4620-6	29 元
服务的细节：新川服务圣经	978-7-5060-4613-8	23 元
服务的细节：让顾客爱上店铺 2——三宅一生	978-7-5060-4888-0	28 元
服务的细节 009：摸过顾客的脚，才能卖对鞋	978-7-5060-6494-1	22 元
服务的细节 010：繁荣店的问卷调查术	978-7-5060-6580-1	26 元
服务的细节 011：菜鸟餐饮店 30 天繁荣记	978-7-5060-6593-1	28 元
服务的细节 012：最勾引顾客的招牌	978-7-5060-6592-4	36 元
服务的细节 013：会切西红柿，就能做餐饮	978-7-5060-6812-3	28 元
服务的细节 014：制造型零售业——7-ELEVEn 的服务升级	978-7-5060-6995-3	38 元
服务的细节 015：店铺防盗	978-7-5060-7148-2	28 元
服务的细节 016：中小企业自媒体集客术	978-7-5060-7207-6	36 元
服务的细节 017：敢挑选顾客的店铺才能赚钱	978-7-5060-7213-7	32 元
服务的细节 018：餐饮店投诉应对术	978-7-5060-7530-5	28 元
服务的细节 019：大数据时代的社区小店	978-7-5060-7734-7	28 元
服务的细节 020：线下体验店	978-7-5060-7751-4	32 元
服务的细节 021：医患纠纷解决术	978-7-5060-7757-6	38 元
服务的细节 022：迪士尼店长心法	978-7-5060-7818-4	28 元
服务的细节 023：女装经营圣经	978-7-5060-7996-9	36 元
服务的细节 024：医师接诊艺术	978-7-5060-8156-6	36 元
服务的细节 025：超人气餐饮店促销大全	978-7-5060-8221-1	46.8 元

书　　名	ISBN	定　价
服务的细节 026：服务的初心	978-7-5060-8219-8	39.8 元
服务的细节 027：最强导购成交术	978-7-5060-8220-4	36 元
服务的细节 028：帝国酒店　恰到好处的服务	978-7-5060-8228-0	33 元
服务的细节 029：餐饮店长如何带队伍	978-7-5060-8239-6	36 元
服务的细节 030：漫画餐饮店经营	978-7-5060-8401-7	36 元
服务的细节 031：店铺服务体验师报告	978-7-5060-8393-5	38 元
服务的细节 032：餐饮店超低风险运营策略	978-7-5060-8372-0	42 元
服务的细节 033：零售现场力	978-7-5060-8502-1	38 元
服务的细节 034：别人家的店为什么卖得好	978-7-5060-8669-1	38 元
服务的细节 035：顶级销售员做单训练	978-7-5060-8889-3	38 元
服务的细节 036：店长手绘　POP 引流术	978-7-5060-8888-6	39.8 元
服务的细节 037：不懂大数据，怎么做餐饮？	978-7-5060-9026-1	38 元
服务的细节 038：零售店长就该这么干	978-7-5060-9049-0	38 元
服务的细节 039：生鲜超市工作手册蔬果篇	978-7-5060-9050-6	38 元
服务的细节 040：生鲜超市工作手册肉禽篇	978-7-5060-9051-3	38 元
服务的细节 041：生鲜超市工作手册水产篇	978-7-5060-9054-4	38 元
服务的细节 042：生鲜超市工作手册日配篇	978-7-5060-9052-0	38 元
服务的细节 043：生鲜超市工作手册之副食调料篇	978-7-5060-9056-8	48 元
服务的细节 044：生鲜超市工作手册之 POP 篇	978-7-5060-9055-1	38 元
服务的细节 045：日本新干线 7 分钟清扫奇迹	978-7-5060-9149-7	39.8 元
服务的细节 046：像顾客一样思考	978-7-5060-9223-4	38 元
服务的细节 047：好服务是设计出来的	978-7-5060-9222-7	38 元
服务的细节 048：让头回客成为回头客	978-7-5060-9221-0	38 元
服务的细节 049：餐饮连锁这样做	978-7-5060-9224-1	39 元
服务的细节 050：养老院长的 12 堂管理辅导课	978-7-5060-9241-8	39.8 元
服务的细节 051：大数据时代的医疗革命	978-7-5060-9242-5	38 元
服务的细节 052：如何战胜竞争店	978-7-5060-9243-2	38 元
服务的细节 053：这样打造一流卖场	978-7-5060-9336-1	38 元
服务的细节 054：店长促销烦恼急救箱	978-7-5060-9335-4	38 元

书　名	ISBN	定　价
服务的细节 055：餐饮店爆品打造与集客法则	978-7-5060-9512-9	58 元
服务的细节 056：赚钱美发店的经营学问	978-7-5060-9506-8	52 元
服务的细节 057：新零售全渠道战略	978-7-5060-9527-3	48 元
服务的细节 058：良医有道：成为好医生的 100 个指路牌	978-7-5060-9565-5	58 元
服务的细节 059：口腔诊所经营 88 法则	978-7-5060-9837-3	45 元
服务的细节 060：来自 2 万名店长的餐饮投诉应对术	978-7-5060-9455-9	48 元
服务的细节 061：超市经营数据分析、管理指南	978-7-5060-9990-5	60 元
服务的细节 062：超市管理者现场工作指南	978-7-5207-0002-3	60 元
服务的细节 063：超市投诉现场应对指南	978-7-5060-9991-2	60 元
服务的细节 064：超市现场陈列与展示指南	978-7-5207-0474-8	60 元
服务的细节 065：向日本超市店长学习合法经营之道	978-7-5207-0596-7	78 元
服务的细节 066：让食品网店销售额增加 10 倍的技巧	978-7-5207-0283-6	68 元
服务的细节 067：让顾客不请自来！卖场打造 84 法则	978-7-5207-0279-9	68 元
服务的细节 068：有趣就畅销！商品陈列 99 法则	978-7-5207-0293-5	68 元
服务的细节 069：成为区域旺店第一步——竞争店调查	978-7-5207-0278-2	68 元
服务的细节 070：餐饮店如何打造获利菜单	978-7-5207-0284-3	68 元
服务的细节 071：日本家具家居零售巨头 NITORI 的成功五原则	978-7-5207-0294-2	58 元
服务的细节 072：咖啡店卖的并不是咖啡	978-7-5207-0475-5	68 元
服务的细节 073：革新餐饮业态：胡椒厨房创始人的突破之道	978-7-5060-8898-5	58 元
服务的细节 074：餐饮店简单改换门面，就能增加新顾客	978-7-5207-0492-2	68 元
服务的细节 075：让 POP 会讲故事，商品就能卖得好	978-7-5060-8980-7	68 元

书　　名	ISBN	定　价
服务的细节 076：经营自有品牌	978-7-5207-0591-2	78 元
服务的细节 077：卖场数据化经营	978-7-5207-0593-6	58 元
服务的细节 078：超市店长工作术	978-7-5207-0592-9	58 元
服务的细节 079：习惯购买的力量	978-7-5207-0684-1	68 元
服务的细节 080：7-ELEVEn 的订货力	978-7-5207-0683-4	58 元
服务的细节 081：与零售巨头亚马逊共生	978-7-5207-0682-7	58 元
服务的细节 082：下一代零售连锁的 7 个经营思路	978-7-5207-0681-0	68 元
服务的细节 083：唤起感动	978-7-5207-0680-3	58 元
服务的细节 084：7-ELEVEn 物流秘籍	978-7-5207-0894-4	68 元
服务的细节 085：价格坚挺，精品超市的经营秘诀	978-7-5207-0895-1	58 元
服务的细节 086：超市转型：做顾客的饮食生活规划师	978-7-5207-0896-8	68 元
服务的细节 087：连锁店商品开发	978-7-5207-1062-6	68 元
服务的细节 088：顾客爱吃才畅销	978-7-5207-1057-2	58 元
服务的细节 089：便利店差异化经营——罗森	978-7-5207-1163-0	68 元
服务的细节 090：餐饮营销 1：创造回头客的 35 个开关	978-7-5207-1259-0	68 元
服务的细节 091：餐饮营销 2：让顾客口口相传的 35 个开关	978-7-5207-1260-6	68 元
服务的细节 092：餐饮营销 3：让顾客感动的小餐饮店“纪念日营销”	978-7-5207-1261-3	68 元
服务的细节 093：餐饮营销 4：打造顾客支持型餐饮店 7 步骤	978-7-5207-1262-0	68 元
服务的细节 094：餐饮营销 5：让餐饮店坐满女顾客的色彩营销	978-7-5207-1263-7	68 元
服务的细节 095：餐饮创业实战 1：来，开家小小餐饮店	978-7-5207-0127-3	68 元
服务的细节 096：餐饮创业实战 2：小投资、低风险开店开业教科书	978-7-5207-0164-8	88 元

书　名	ISBN	定　价
服务的细节 097：餐饮创业实战 3：人气旺店是这样做成的！	978-7-5207-0126-6	68 元
服务的细节 098：餐饮创业实战 4：三个菜品就能打造一家旺店	978-7-5207-0165-5	68 元
服务的细节 099：餐饮创业实战 5：做好“外卖”更赚钱	978-7-5207-0166-2	68 元
服务的细节 100：餐饮创业实战 6：喜气的店客常来，快乐的人福必至	978-7-5207-0167-9	68 元
服务的细节 101：丽思卡尔顿酒店的不传之秘：超越服务的瞬间	978-7-5207-1543-0	58 元
服务的细节 102：丽思卡尔顿酒店的不传之秘：纽带诞生的瞬间	978-7-5207-1545-4	58 元
服务的细节 103：丽思卡尔顿酒店的不传之秘：抓住人心的服务实践手册	978-7-5207-1546-1	58 元
服务的细节 104：廉价王：我的“唐吉诃德”人生	978-7-5207-1704-5	68 元
服务的细节 105：7-ELEVEn 一号店：生意兴隆的秘密	978-7-5207-1705-2	58 元
服务的细节 106：餐饮连锁如何快速扩张	978-7-5207-1870-7	58 元
服务的细节 107：不倒闭的餐饮店	978-7-5207-1868-4	58 元
服务的细节 108：不可战胜的夫妻店	978-7-5207-1869-1	68 元
服务的细节 109：餐饮旺店就是这样“设计”出来的	978-7-5207-2126-4	68 元
服务的细节 110：优秀餐饮店长的 11 堂必修课	978-7-5207-2369-5	58 元
服务的细节 111：超市新常识 1：有效的营销创新	978-7-5207-1841-7	58 元
服务的细节 112：超市的蓝海战略：创造良性赢利模式	978-7-5207-1842-4	58 元
服务的细节 113：超市未来生存之道：为顾客提供新价值	978-7-5207-1843-1	58 元
服务的细节 114：超市新常识 2：激发顾客共鸣	978-7-5207-1844-8	58 元
服务的细节 115：如何规划超市未来	978-7-5207-1840-0	68 元

书　名	ISBN	定　价
服务的细节 116：会聊天就是生产力：丽思卡尔顿的“说话课”	978-7-5207-2690-0	58 元
服务的细节 117：有信赖才有价值：丽思卡尔顿的“信赖课”	978-7-5207-2691-7	58 元
服务的细节 118：一切只与烤肉有关	978-7-5207-2838-6	48 元
服务的细节 119：店铺因顾客而存在	978-7-5207-2839-3	58 元
服务的细节 120：餐饮开店做好 4 件事就够	978-7-5207-2840-9	58 元
服务的细节 121：永旺的人事原则	978-7-5207-3013-6	59.80 元
服务的细节 122：自动创造价值的流程	978-7-5207-3022-8	59.80 元
服务的细节 123：物流改善推进法	978-7-5207-2805-8	68 元
服务的细节 124：顾客主义：唐吉诃德的零售设计	978-7-5207-3400-4	59.80 元
服务的细节 125：零售工程改造老化店铺	978-7-5207-3401-1	59.90 元